作者──王明勇　撰文──齊世芳

王明勇的生機路

從建築工程師到｜生機食養專家的美好信念

每個人的生命都是一則精彩的故事！

感恩曾經出現在我生命中的每一個人，

他們都在我的故事裡留下了色彩！

Contents

第一篇

生死一瞬間

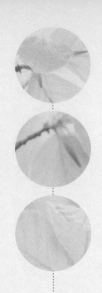

推廣有機志業

王明勇的 24 小時有機生活

王明勇大事年表　/ 260

推薦序一

　　欣聞明勇老師要出自傳，興奮之餘一直叮嚀本書的主編佩芳要用心好好規劃，書出來時我一定認真的推廣，她好奇地問我說：「老師您自己的書都沒有那麼認真的推廣，何以熱心幫別人賣書？」

　　理由很簡單。

　　明勇是我的知己，他曾經是我的特別助理，幫我把「無毒的家」國際化。他幫我樹立「無毒的家」的養生專業文化，我倆擁有相同的咖啡淨化日記，我們共同熱愛甜點。他青出於藍，把我當貴人，讓我這老師當得很有面子。更別提他們夫妻倆是我的開心果，當年我事業上有什麼不如意，找他們就解決了。

　　最感激的莫過於他曾經是我的筆記本。我一直沒有做筆記的習慣，他們夫妻把我們開疆闢土的點點滴滴（含出國進修、廠商考查、吃喝玩樂等大小事情），都記錄得很清楚，就連我的咖啡淨化初體驗的相片，都是明勇拍攝保存下來的！

明勇個性謙虛，領悟力及執行力很強，現在他台風穩健，粉絲眾多，很難想像當年我安排他在社大上課時緊張流汗的樣子。本書的出現一定會帶動他更專業化、國際化，粉絲們，讓我們為這位帥哥加油吧！

吉胃福適及無毒的家創辦人

王康裕

推薦序二

　　我是因為一起上《57 健康同學會》及《女人要有錢》、《健康 2 點靈》等節目認識明勇兄。幾次同台，驚訝於王兄的博學，後來知道他本來不是科班畢業的醫療人員，更覺得非同小可。我從門診源源不斷的腎臟病人悟到需要從飲食等途徑去預防才有機會真正改善國人的健康，但是明勇兄從他的朋友阿德的悲慘遭遇中就頓悟到健康的重要，更顯得他的聰明才智。

　　閱讀這本自傳，覺得「塞翁失馬，焉知非福。」古人誠不我欺。明勇兄因為工地事故，離開了建築業，可是上天還是幫他開了另外一扇窗，反而為台灣的生機產業製造的一個名聞整個東南亞的達人。

　　明勇兄長期關注有機產業，他從環境的觀點認定有機生產的重要，我個人則是從競爭力的觀點來看，台灣的農漁業生產除了走向有機無毒，此外其實也沒有更好的出路；海峽兩岸來往密切，面臨大陸生產方面的優勢譬如土地的便宜、工資較低以及生產所使用的原料也比

台灣價廉，如果台灣繼續生產類似的東西，注定要被大陸的產品完全殲滅。唯有有機、無毒的生產，才能擺脫對岸的競爭，同時也因為增進國人的健康，挽救了瀕臨倒閉的全民健保。

　　台灣的有機、無毒產業處於萌芽階段，大部分廠商都走得很辛苦，但看到無毒的家、棉花田等前輩業者，被購併、入主就知道雖然被抱怨產品貴，但是這些廠商並不是坐擁暴利，不然也不會被吃掉。我拿這一點給我內人看，讓她知道我並不是虧最久的（八年），也很敬佩明勇兄能愈挫愈勇，這本書我看完後感觸良多，也希望關注無毒生活的讀者都看看這本自傳，相信大家都會受益不淺。

腎臟科醫師

江守山

推薦序三

　　很開心明勇要出有關第一本屬於他個人傳記的書了，頓時把我思緒抓回十餘年前。

　　記得那年夏天，我們兩個懷著偉大建築夢的鄉下小孩北上工作。進入公司後，一起接受公司嚴格的專業訓練，不論扛磚塊、綁紮鋼筋、規劃工程總是同心協力完成，當然被教訓也是一起的。我倆總為了得到公司舉辦分組競賽第一名努力不懈，明勇的拼勁與領導能力，讓我總感覺他是個有能力卻心性高潔的人。那段受訓期，雖然辛苦，卻也讓我倆成為好伙伴亦是好戰友。直到現在，當年的簡箋我依然保留著。就這樣一點一滴堆砌彼此的深厚情誼，而相知相惜成了莫逆。專注、勤奮、聰明、凡事追根究柢，這是明勇給我不變的感受。

　　坦白說來，當初明勇選擇「有機」做為人生第一個轉職挑戰，我心中一半憂心一半是佩服。許多朋友都不看好他，豈料他不僅通過層層考驗、閱讀無數書籍、嘗試研究各式飲食配方，更下鄉深入有機栽種！而今日明

勇也從一個建築逃兵，搖身一變成為亞洲知名的「生機養生專家」。

明勇從「工程師的角度」用科學的方法教大家有機生活新概念。第一次讓我覺得「健康」並不麻煩，只是調整平常的習慣就能做到！私下我常戲稱明勇是有機界的「安藤忠雄」。

明勇的妻子小如，當年頂著一頭亮麗的長髮，知性、說話條理分明又不拘小節。這麼多年過去了，小如一手栽培三個孩子，另一手當明勇工作伙伴，更是明勇最大的心靈後盾。每每看見小如匆忙不曾停歇的背影，是心疼也是讚嘆！

現在我也轉換人生跑道，成了旅館業的經營者。我和明勇雖然邁向不同的路，卻步伐一致。慶幸我能見證了摯友明勇汗水辛酸並濟的成功軌跡。這不僅感動著我，更是莫大的砥礪！

每當看著明勇出書、上節目、上電台分享健康生活，我總是在另外這頭心中無比歡喜與雀躍。所以當我收到本書的手稿，並受邀寫序，內心真的既驚又喜。期冀各位讀者，透過這本小傳能更了解明勇老師。

在有機的領域裡，很開心有一位隱默付出的自然學者！而我，慶幸能有這樣一位兄弟摯友，他真的是一輩子值得信賴的好朋友！

祝

平安順心

歐悅國際連鎖精品旅館集團總經理

推薦序四

　　我是虔誠的佛教徒，非常相信因緣法則；師父常說：「凡發生的，必有原因；凡所發生的，都是好事。」王明勇老師的自傳，是一個現代的傳奇故事，有起有落，其中色、香、味俱全。

　　一個鄉下的孩子，在大台北的求學日子，因為性格憨直、單純，曾經吃虧；因為努力、不放棄、專注，最後還是考上了土木系。明勇的第一份工作是當年很多人羨慕的工程師，但是卻因為一場工地意外，讓他必須思考轉型，走上了生機飲食的開創工作，最後還自行創造了自己的企業品牌「自然法則」。

　　今天的他，是亞洲中文市場生機飲食的專家，推動者，經營者，而我更喜歡他教育家的角色。一路走來，絕對坎坷，但是書中娓娓道來的故事，有血有淚，有喜有樂，酸甜苦辣，絕對夠味。大家千萬要細細品味，尤其是他寫到有關他與小如的相遇、相戀、相惜、相處，一起成長，面對人生，就好像是已經寫好的人生腳本。

馬來西亞創作歌曲有一首〈純文藝的愛情〉，就很能詮釋他們那如九把刀的電影《那些年我們一起追的女孩》。這個年代，純純的戀愛，幾乎沒有人會繼續相信，但是我們的確曾經那樣走來。

認識王老師，是因為一位供應商 Angie 的推薦。她說：「這位老師，很靚仔，很有理念，但是我不懂中文，他的書，你參考看看」。看完了老師的書，我知道他就是我要找的人，因為他有一些我很在乎的特質、理念和經歷。王老師打理門市多年，直接面對消費者，有豐富的第一手經驗，會幫助我們循序漸進地經營生機飲食，但是他絕對不會為了錢去推薦或代理不符合品質要求的商品。他的知識非常淵博，但是絕對不枯燥，而且很多的理念，能夠用很簡單、清楚和系統化的方法來實踐；可能因為他出身工程師的訓練背景。馬來西亞余仁生與王老師在短短兩年多的顧問案合作，我們的同事和經營幹部，都變成了推動有機飲食的中堅支持者；我們甚至相信，做為一家經營中藥百年的老字號，下一個階段的轉型如果成功，絕對有王老師的功勞。

偷偷告訴大家一個秘密，如果要邀請王老師講課或當顧問，一定要與王夫人也就是涂特助（我們習慣叫她

Vicky）好好配合。因為他們兩個的性格和分工，是倚天劍與屠龍刀的絕配，理論、實務和執行的細節全部到位。真誠是我們最在乎的品質，他們絕對可以交朋友，交心與合作。

　　李宗盛的歌裡，有一句歌詞是這樣寫的，「沒有人可以隨隨便便成功」，細讀書中每個章節，我發現王老師的生機飲食推廣之路及「自然法則」的創業，絕對沒有偶然。我也絕對相信，未來王明勇、「自然法則」會對台灣、甚至亞洲，尤其是華人世界的健康產業，產生舉足輕重的影響。

　　子曰：三十而立，四十不惑，五十知天命；正值壯年的明勇，似乎很清楚老天爺有一個特別的任務與使命要他去完成。天公疼憨人，尤其是發好心，做好事的好人。最後希望所有的佛菩薩保佑，保佑王明勇及他的家人、團隊夥伴，祝願他們心想事成，福慧雙修。

馬來西亞余仁生總經理

推薦序五

　　我和明勇老師是在電視台錄影時認識的，我們恰巧也是同所高中的校友。明勇老師給我第一印象就是他為人很真誠。在一起錄節目的時候，言談中能感覺到他的專業不僅僅是從書上理解獲得，有許多是從生活中體驗累積而來的。

　　還記得上次幫明勇老師寫序文時，當下開個玩笑說，那次是對明勇老師的志業有一番初步認識，而現在看完這本書更是對明勇老師精采而豐富的人生經歷有更多的了解與佩服啊！

　　我曾經去過他用心經營的「自然法則」享用早餐，在那兒整體感覺十分舒適、乾淨，選用食材天然實在，工作同仁服務親切有熱忱，強調用自然法則過樸實生活，著實令我感動。臨走前我也特別選購了一些平日較少吃但十分養生的天然食物，如瓜果類、養生醋、泡菜……回家品嘗，這些食物的天然原味，既可口又健康呢！打破了一般人對有機蔬菜可能因烹調簡單而淡淡無

味的刻版印象。

　　明勇老師小時候在農村長大，讓他有很多的機會去接觸體驗鄉村生活的點點滴滴，他笑說他家就是動物園，他的志向是將有機食物推廣到全世界，能夠讓世界各地的人注意到食品安全的重要性。而目前我們面臨食品安全危機重重等待改善的情況，明勇老師因此不辭辛勞常上電視，推廣天然有機的健康概念。

　　明勇老師曾經歷一個緊急的災難，之後他開始思考人生所為何來，他認為應該做一些有社會公益的事情，要讓大眾生活得更健康，自己生命更精采。當我看到文章內容，很訝異明勇老師曾經從事營造業，得在風吹日曬雨淋中工作，時常要面臨急難、受傷、緊急救護的風險。我時常和明勇老師說，雖然我比他虛長幾歲，但是他的人生歷練卻比我更豐富，對生命有更深刻的體會，是值得我敬佩和學習的對象。

　　《黃帝內經》云：「陰平陽秘，精神乃至。」中醫強調陰陽平衡、酸鹼平衡、身心平衡。明勇老師在這本書中提醒我們，如何將排毒生活做得更透徹，透過二十四小時的有機生活，簡便地調整我們的飲食習慣，也重

新審視我們平日飲食內容，如何過得天然簡樸又養生，
就如同傳統中醫精神，強調天人合一。

佳禾中醫診所院長

羅明宇

楔子
一切都從一場災難開始

　　只要閉上眼睛，我就能想起意外發生的那一天，望著一大綑重達數百公斤的模板，以迅雷不及掩耳的速度從天而降，不偏不倚正好落在我的頭頂，眼看著自己就快要被碾成一團肉泥……

　　1997年，我進入了當時土木人擠破頭想進去的夢幻公司──德寶營造。當年，這可是台灣最大的公共建設工程營造公司，我跟著上百名應試者住進工地的宿舍，過起比當兵還要辛苦的集訓生活，每天奮力掙扎於新人淘汰的殊死戰。一百天後，只留下將近三分之一的應試者，被操得又黑又瘦的我，順利通過層層考驗，正式成為德寶營造的一員。

　　原以為這一生就在工程營造業扎了根，從此一帆風順，沒想到卻在第三年成了意外事件的男主角。

　　1999年盛夏，在一個烈日當空的午休時分，為了趕工程進度，我連午飯都沒吃，餓著肚子在工地裡揮汗

工作，沒想到不小心與吊車司機聯繫失誤，眼睜睜看著幾百公斤的模板，自二十多層樓高處往我頭上砸下來，這下真的死定了！

　　一瞬間，我憑直覺火速撲向欄杆旁，接著耳邊一陣轟然巨響，我幾乎失去了意識……

　　即使地面有突出的鋼筋做為緩衝，我還是讓模板壓得喘不過氣來，全身麻麻的動彈不得，連動一動手指頭的力氣都沒有。腦袋愈來愈昏沉，視線愈來愈模糊。

　　送醫急救後，我雖然很幸運保住一命，卻因脊椎嚴重撕裂傷，必須臥床休養。於是一個人回到了從小生長的鄉下靜養。雖然回到家鄉令人安心，但眼前工作的問題卻不得不面對，我的內心開始掀起波瀾：養好了傷，我還回得去嗎？真的要再回工地工作嗎？這種工作環境能待一輩子嗎？萬一再有什麼不測，我該怎麼辦？難道我沒有別的選擇嗎？有沒有哪一種事業能夠兼顧健康與生活呢？

　　可能就是「大難不死，必有後福」吧！一個人在歷經死亡的衝擊後，多少都會有脫胎換骨的領悟。就在我不斷思索的同時，因緣際會讓我接觸到台灣剛起步的有機產業，而且順利轉換了跑道，更因此開啟我另一段人

生風景。

此後，我開始身兼幕僚、講師、老闆、電視名人、作家等多重角色，每年遊歷世界各國，與知名的業界前輩並肩工作，和有志之士一起守護大自然，共享有機美食帶來的健康與歡樂，一路上時時逢貴人，處處有驚喜，完全是我當初始料未及。

就在我初初踏入營造業，準備一展身手的時候，老天給了我重重一擊，改寫我的人生；而當我成為有機界明日之星、「無毒的家」接班人的時候，老天又開了我一個玩笑，讓我再次歸零。

直到這些年我才明白，生命中捲起的大風大浪，那看似絕望的沉重關卡，其實是帶領我們進入嶄新人生的幸運之鑰，只要相信自己，勇敢突破，就能重新擁有一片海闊天空。

這幾年往來各國演講，當星夜降臨萬籟俱寂，在最接近天地的飛機上，偶爾我會忍不住地想：如果當初不曾離死亡那麼近，現在的我會是什麼模樣？不過，不管成為哪一種人、賺多少錢，應該都沒有現在的王明勇來得精采有趣吧？

第1篇

生死一瞬間

我整個人昏昏沉沉，腦中幾乎是一片空白，眼前彷彿看到一道白光，殘餘的意識裡還在想著：我要死了嗎？聽說人死了要上天堂前會先看到一道白光，會不會就是這幅景象？

01 上班像當兵，
工作像打仗

進入德寶營造

大學唸土木系的我，心中一直有個偉大的夢想。我希望能夠矗立一座永垂不朽的建築物，可是，理想才剛萌芽，我卻在建築工地受傷了。

在軍中退伍前夕，我便開始找工作。當時我投了好幾家公司履歷表，包括四家實力堅強的上市公司：德寶營造、皇昌建設、麗寶建設以及裕隆汽車。幸運的是，我同時被這四家公司錄取，仔細思量，我認為學土木應該先進營造公司，練好蓋房子的基本功。

幾經考慮，最後我決定走自己的本科系，選擇進入德寶營造公司，回絕了其他公司的邀請。

當年德寶營造是台灣最大的公共建設工程營造公司，擁有全台最多塔式吊車。德國原裝進口的吊車一輛要好幾千萬台幣，光是一個自立新村的建案就用了二十

幾輛塔式吊車，還不包括全台各地建案所使用的吊車，可見德寶營造規模之大了。

當時所有眷村的改建工程幾乎全由德寶包辦。我跟著德寶營造參與了不少著名的建案：內湖第一個建案基隆河截彎取直的基河國宅；以及現在坐北上火車，內壢火車站右手邊整片眷村的房子，我均有經手參與興建。

德寶營造是一家很特別的公司，最有趣的是它徵人的條件是：應試者必須是「一張白紙」，強調沒有任何工作經驗者優先錄取，只要是相關科系畢業、不曾待過任何建設公司的人都有機會，而且最好是剛畢業或剛退伍的人，避免沾染其他公司的不良習氣。

不像有些建設公司玩資金操作的遊戲，德寶營造的老闆都是本科系出身，深具苦幹實幹精神。公司的策略也十分務實：所有幹部及高階主管都必須是從基層升上來，就連總經理也得從最小的監工做起，絕不玩空降部隊那一套，只要表現良好，人人都有機會往上爬，因此只要一徵才，往往會有幾百個人前來應徵。

更有趣的是，德寶營造極其重視團隊精神，我們上班跟當兵一樣，因為公司要求這一百多位應試者都要住在宿舍裡，團體集訓一百天，走的是「先大量招聘，再慢慢篩選適合人員」的策略。

在體育活動中培養團隊精神

　　由於公司文化的關係，運動風氣在德寶營造特別興盛，不僅每天早上要集合做運動，鍛鍊體能，公司長官還會親自參加各類球賽，與新人一起同樂，並從團體運動中觀察應試者有沒有合作能力、競爭能力、應變能力，每一組的團隊默契、合作能力，以及組員的領導與協調能力等。因為蓋房子就是要所有人齊心協力，不服從命令或標榜個人英雄主義者，都不適合這個行業。

　　這也是德寶營造的過人之處，懂得從團體運動中觀察一個人的真性情，因為運動是一種很難掩飾自我的行為，一個人最真實的面相都會在此時表露無遺。我最好的朋友們也是在那個時期認識的，我們幾個同組的菜鳥在磨難中建立起革命情感，到現在仍然親同兄弟，擁有深厚的交情，就像歐悅國際連鎖精品旅館集團的總經理林義哲先生，現在也和我一樣在不同領域貢獻心力。

　　公司要直接考我們蓋房子的本事，要我們比賽蓋自己要住的工寮宿舍。公司先請師傅帶我們這批菜鳥學蓋房子，教我們從頭到尾按照所有標準建築模式，從無到有地把工寮蓋起來，整座工寮活像一個小社區，裡頭要

有客廳、廚房、餐廳、臥室等等，讓我們這一個月可以在此自給自足，等於是讓我們有實習的機會。

公司讓這批應試者在興建工寮中磨練，再由公司的長官打分數，從旁觀察應試者如何與同事互動、是否具有工作熱忱。甚至在工寮居住期間，透過團體生活，也可以看出一個人的個性和日常習慣，這些都成了公司評選新人的參考。現在回想起來，德寶營造公司真不是省油的燈，既給我們磨練的機會，也順便完成了日後所需的工寮，妥善控制了成本支出。

最可怕的是，公司每個禮拜都會淘汰一批人，集訓過程好像是生死存亡的殊死戰，身在其中的我，心中實在是五味雜陳。一夥人同吃同睡，每天都要早起打球，好不容易才從軍中退伍，此刻彷彿又回到軍旅生活，而且住得比軍中還差，臨時搭蓋的工寮，不但隔音設施不佳，還冬涼夏暖，活像住在三溫暖裡，操得我整個人瘦了一大圈，曬得跟非洲黑人一樣。

一百天後，公司淘汰了將近三分之一的應試者，我因為非常符合公司「熱愛運動」的文化，最後幸運地通過層層關卡的考驗，欣喜地參加了結業式，正式進入這家對我人生影響重大的營造公司。

建築業不為
人知的辛苦

我是拼命三郎

　　升任德寶營造的基礎工程師後，開始了我在工地的艱辛生活。我就像軍隊裡的連長，配有一名泰語的翻譯人員，當時雇用的泰籍勞工有數百人之多，所有人都住在工地宿舍裡，整個宿舍大得像軍營一樣，住了一千多個工人。

　　一位基礎工程師負責一棟大樓的興建，從地下三樓蓋到地上三十幾層樓，每天都必須有一定的興建進度，例如十五天要蓋好一層樓，就得如期蓋好，稍有落後就會影響整體工程進度，以及工程師的個人考績。

　　工程師每天一大早就得帶著翻譯整隊點名，然後開始分配工作，我的組裡有 50 個人，我的工作就是要幫他們排班，讓每個人輪流做各種工作，這也是考驗一個人組織與管理能力的時候。

一般營造公司會把勞力工作發包出去，工程師只要在旁監督工人工作即可，在德寶營造我們卻要實際帶著外籍勞工做事、教會他們所有的工作內容。先要看懂工程圖，再教外藉勞工怎麼下手工作，同時監督工人們有沒有蓋好房子，檢查鋼筋有沒放對位置、牆面有沒有傾斜、水泥是否灌平了、是否照圖施作等等。不僅要監督外籍勞工，還要照顧他們的生活起居，加上工程師既有的工作，其壓力之沉重，實非一般人所能想像。

　　蓋房子是沒日沒夜的工作，平日裡風吹日曬的，颱風下雨照樣要趕工程進度，工地堆滿各種雜亂的建材，不是被鋼筋刮到就是被鐵釘刺到，不小心跌倒簡直就要人命。工人的手指斷掉、手臂被夾到等意外幾乎是家常便飯，甚至還有打群架、工地建材被偷、建物被破壞、黑道亮槍賣兄弟茶等事件發生，比起別的行業，營造業是異常地辛苦危險，也異常精采。

工地意外頻傳

　　1998 年，德寶營造接手自立新村改建案，是當時台灣最大的眷村改建案，整個基地佔地數十公頃，就在今天的內壢火車站後方。

那次建案發生了兩件讓我永生難忘的意外，而其中一次致命的危險，翻轉了我整個命運，讓我踏上了與土木工程南轅北轍的人生。

　　當時我們先挖出深達地下三樓的地基，這個地基活像好幾個足球場大的礦坑，沒想到挖好地基那一天，剛好遇到颱風，一般人遇到颱風大可放颱風假，我們這一行正好相反，遇到颱風一定要到工地現場，以防止工程意外的發生。

　　地基四周原先建有擋土牆，平時埋在地面下荒廢的排水管鮮少排水，一向相安無事，沒想到遇到颱風，狂風暴雨下排水量激增，水管不勝負荷突然爆裂，大量污水立刻奔洩而下，整個水管也被沖掉，旁邊的擋土牆跟著鬆動，加上狂風暴雨的侵襲，最後四層樓高的擋土牆開始崩塌，簡直就像土石流下滑一樣驚險，站在地基下方的人如果跑得不夠快，絕對會整個被掩埋掉。

　　我們眼睜睜看著基地裡留的基礎鋼筋往下崩塌，瞬間就消失無蹤，地基下方還有工作人員，有人看到整片擋土牆正在崩塌，趕緊放聲大喊：「要倒了！要倒了！快跑啊！快跑啊！」

　　在工地待久了，大家都很有危機意識，只要一聽到

有人喊「跑」，就要立刻跑，根本沒時間讓你搞清楚怎麼回事，結果一群人拔起腿來拚命跑。其實跑在鋼筋架上，比爬野外訓練的鋼索還恐怖，因為生死一瞬間，一個不小心掉下去，非死即傷，若不慎踩進鋼筋交錯的空隙中，拔不出腳來那就慘了，或者鋼筋架倒了，那就跟骨牌倒塌一樣，架上的人立刻住下跌，全都必死無疑。

這場災難真的是驚天動地，但當時我根本忘了要害怕，一心只想搶救現場工程，開了挖土機就往泥濘裡挖，拚命要挖出一條路來，一旦沒了路工程就無法進行下去，那時完全不覺得自己置身危險。

從事這種工作，每逢下雨天，就得穿上外面是雨水、裡面是汗水「雙濕牌」雨衣，而且工地經常上演危險鏡頭，鐵釘、模板、磚塊、鋼筋都有可能讓人受傷，工人斷手斷腳的事更是時有所聞。這些全是建築工作不足為外人道的心酸，每一幢房子都是一群人流血流汗蓋出來的呀！

由於是在一片荒廢的舊社區裡開始重建工程，因為這個失誤，導致挖好的地基、部分蓋好的建物都必須清空，整個工程重來一次，興建進度也因此落後了一個多月，結果造成極大的損失，這次事件也突顯了工程風險

當了工程師愈操愈瘦

和同事一起留影

管理的重要，我從這裡面學到：做事千萬不能忽略細節，否則很容易因小失大。

那是我生平第一次遇到的重大意外，雖然險象環生，卻不曾動搖我蓋房子的決心。

意外發生的片刻

第二次意外發生時，我就沒那麼幸運了，這回我差點就英才早逝。然而，這卻成為我人生中最有意義的一次災難。

1999 年 5 月，擋土牆坍方意外之後一年多，眷村改建工程順利蓋到了二十幾層樓，已經接近尾聲。

樓層愈蓋愈高，需要的建材也愈搬愈高，舖好鋼筋、灌好水泥就要拆掉模板，因此常有工程吊車得開上好幾層樓高的地方，我們則會在各樓層開一個預留孔，做為臨時通道，預留孔四周會留一小段鋼筋往外翻折，做為護欄，地上則有大卡車待命，樓上有待移除的建材雜物，就由吊車吊起，往通道慢慢吊下去，直接落在大卡車上，再迅速載走，等到工程做好，洞口就會封起來。

整個過程均由地面上的人透過對講機，指揮樓上開吊車的人運作。地上的人只能用對講機下簡單的指令：

「來！左邊！右邊！上面！下面……。」

　　20 層樓高再加上吊車的高度，從上往下看，人就像火柴一樣小，甚至還有一些死角，吊車裡的人完全看不到地上的人，只能遵照指令行事，喊停就不能隨便亂動，只要一動，幾噸重的建材可能就打過來，根本來不及煞車，直接摧毀周圍的建物，或造成人員傷亡。

　　那一天中午，大家都去吃飯了，我為了趕進度，仍在工作，希望趕在下午大家上班前完成，下午工人才能繼續工作。當時吊車照例停在二十多層樓高的地方，我在一樓拿著對講機指揮樓上的吊車，將建材雜物吊到地下室。

　　開吊車的是一位經驗老道的駕駛，他吊起了將近數百公斤重的模板，往通道緩緩下降，而我就站在下面指揮方向與速度：「下，再下，再下……」

　　此時我的手機正好響起，我接起手機跟對方一講話之後，就忘了模板正在緩緩下降中，而上面的人完全聽令行事，你沒叫他停，他就不會停。等我回過神來，發現眼前一片陰影籠罩下來，心裡知道不妙了，猛一抬頭，只見模板已經快要到頭頂上了。

　　在工地的地面上是非常凌亂的，遍地的鋼筋、工具

和雜物，我放下電話再拿對講機喊停也來不及了。模板的面積太大了，在空中降落時是左右前後擺動的，所以，當時我無處可逃，也根本來不及拔腿就跑。

我身旁有一疊鋼筋，有一瞬間本來我想跳進旁邊那大而黝深的洞口裡，但洞口周邊卻插滿鋼筋。那向外彎曲的鋼筋排得密密麻麻，高度及腰，不知道跳下去是什麼狀況。

就在當下那麼零點幾秒的時間，我憑著一股直覺立刻往欄杆旁迅速蹲下身子就地掩蔽，儘量壓低身子，希望突出的鋼筋能緩衝模板下壓的力道。幸好我的判斷是正確的，模板壓下來先是壓到那一疊鋼筋，沒有完全貼地，讓我逃過一劫沒被壓扁，不過我的身體還是承受到模板的壓力，整個身體對折，差一點點就成了三明治裡的內餡。

被壓住的那一剎那，驚嚇是非常大的，當下好像打了全身麻醉針一樣，整個人都失去了知覺。當時我整個人昏昏沉沉，腦中幾乎是一片空白，眼前彷彿看到一道白光，殘餘的意識想著：我要死了嗎？人死了要上天堂前，看到的會不會就是這幅景象？

記不得到底過了多久，我才悠悠轉醒，應該有十分

鐘的時間，我沒有辦法發出任何聲音。睜開眼發現，自己雖然大難不死，但胸口就像壓了塊沉重如山的石頭，堵得好痛，身體失去知覺，完全動彈不得，根本無法向外求救。

吊車駕駛看不到地面的狀況，不知道發生了什麼事，一再在對講機裡問：「好了沒？好了沒？」

我蹲下來的時候，對講機正好在我胸口上，但是受此重擊我已經氣若游絲，即使拚命喊著：「拉上去！拉上去！」吊車駕駛怎麼也聽不見。大概又過了五分鐘之後，我拚盡殘餘的力氣朝對講機發出一點微弱的氣音：「拉……上……去……」喊了老半天都沒有動靜，巨大的模板還在我身體的上方，我又急又怕，偏偏午餐時間，大家都去吃飯了，沒有人發現我身處險境。

後來吊車上的駕駛終於辨認出我微弱的聲息，才趕緊把模板緩緩拉上去，任模板吊在半空中，終於讓我喘了一口氣。然而我還是躺在地上不能動彈，全身發麻，意識模糊，只能聽天由命。

幸好有另一個泰籍勞工吃完飯提早回到工地，看見我躺在那兒不動，心裡覺得不對勁，才趕快跑去叫人來。

周圍聚攏的人聲把我拉了回神，整個胸腔像被重物

緊壓，悶痛難當，怎麼也發不聲來。雖然全身都麻痺了，但仍感覺到有人抬起了我，小心翼翼地將我移出現場。為了搶時間，連救護車都來不及叫，眾人七手八腳地將我抬上工地主任的車，飛車趕往距離最近的醫院。

　　一路上，我其實沒有特別害怕的感覺，只是偶爾睜開眼睛會有一種不知身在何處的恍惚感，接下來要面對的是什麼，我完全無法想像……。

　　進了醫院的急診室，我逐漸清醒過來，意外的是，身上除了幾處瘀青之外，只有輕微擦傷，下半身雖然奇

工地工作甘苦自知

痛無比，但已算是不幸中的大幸。等我完全清醒後，醫生開始幫我做一連串檢查，結果發現除了脊椎撕裂傷之外，身體其他地方並無大礙，讓我和工地主任大大鬆了一口氣。

我在醫院躺了三週，因為年輕，修養了三個月就復原了，但是，脊椎的傷痛卻一直留在我身上。

「這種沒日沒夜、驚險萬分的玩命工作，真的是我要的嗎？」「我才結婚不久，再出事家人怎麼辦？」在後來復健的日子裡，我經常思考這個問題。

工作對一個人的意義究竟是什麼？追逐名利、滿足家人的期望，還是應付社會的期待？究竟要什麼樣的工作，才能讓我們獲得心靈的滿足與人生的自由？

我沒料到的是，這次慘痛的意外，卻給了我重生的機會，讓我在生命軌道上，重新探索生命的意義。隨著時光的推進，我也愈來愈接近問題的答案了……。

03 轉念，美好的
　　未來就在前方

出現曙光

　　三個星期後我出院了，由於白天沒人照看，只好回到鄉下靜養，由爺爺奶奶陪伴我。回到小時候生長的地方，勾起了我快樂的童年回憶。

　　骨頭的裂傷沒有什麼特效藥，只能勤加復健、注意姿勢，耐心等它慢慢癒合。雖然休養之後，身體逐漸恢復健康，但還是留下了後遺症，從此我不能再做「蹲下」的動作，而且膝蓋永遠不能高於臀部，例如：坐太軟的沙發、搭長途轎車，否則尾椎就會酸痛難當。除此之外，只要多留意身體的姿勢，日常生活便與一般人無異。

　　危機就是轉機，許多降臨在我們身上的災難，其實是生命中一份珍貴的禮物，只是外表包裝得醜了一點，如同我生命中的這場意外，後來帶給我意想不到的人生風景。

在我養病期間，許多親戚朋友都紛紛前來探望，包括一位我生命中重要的貴人——「無毒的家」國際連鎖店的創辦人王康裕先生。

　　王先生是遠房姻親，我見過他好幾次面，只是當時我從沒想過他的出現，會大大改變我的人生。

　　王先生得知我受傷的事之後，特地從台北跑到中壢鄉下來探望我，問候病情之餘，聊起了彼此的工作情形。

　　他很直接地問我：「你的病養個三、五個月總會好的，到時候你要做什麼？」

　　「回公司上班啊。」

　　「你敢再回工地工作嗎？」

　　「這個嘛……」老實說，這場意外真的把我嚇到了。

　　「你想不想到我的公司做事？」王先生看著我。

　　「…………」我一時不知該如何回答。

　　那時我只知道「無毒的家」專門從事有機事業，但是我對「有機」一無所知，王先生突如其來的邀約，實在讓我不知如何應對。話說回來，工程師不僅能讓我學以致用，薪水又高，我真的要因為這場意外，放棄這份人人稱羨的工作嗎？

　　正在思考的當兒，王先生又說：「我現在缺個助理，

你到我公司來，就做我的特別助理，薪水就比照你現在的薪資，如何？」

這的確是個誘人的條件，頭銜是「總經理特助」，薪水也遠在薪資水平之上，但問題是：跨足陌生的領域，什麼都不懂的我，到底能做些什麼？

對於王先生的邀約，我實在無法當場做出決定，畢竟我不是食品系或營養科系出身，也不知道什麼叫「有機」，要從建築土木業一下子轉到完全陌生的行業，著實不是當時的我能夠想像的。而且一旦進了這一行，一切都必須歸零，凡事都要重頭來過，以前所學的都要全然拋卻，這才是最大的挑戰。

而且，每天從中壢開車到台北上班，不但辛苦，油錢也很高，一個月交通費就要七、八千元，種種問題都讓我內心掙扎不已。

然而回頭想想，營造業總免不了要應酬、抽菸、喝酒、吃檳榔，這些都不是我喜歡的習慣，但不做又融不進這一行，未來就算職位往上升，恐怕也難脫菸酒不離身的應酬生活。「有機」似乎還滿符合我的生活習性，雖然還不清楚有機的未來性如何，但危險性絕對是低於營造業。一個人終究得先生存，才能生活吧？

腦中充滿各種思緒，讓我不禁回想起童年……。

第**2**篇

鄉下長大的
孩子

蜿蜒的田間小路、暮色中的土角厝、
眾聲喧嘩的三合院、阿嬤的梅乾菜、
河溪旁洗衣的媽媽們和捕玩魚蝦的小
孩……這些如潮水湧來的童年記憶，
到現在都還令我十分懷念。

01 我家就是
動物園

大自然的孩子

我對有機事業的熱愛，源自於童年美好的經驗。

1973 年我在中壢市月眉里出生，那時的月眉里，還是個偏僻的村莊，往往一條路上只住著一戶人家，而且四周全被稻田包圍。一直到長大以後，我仍記得清晨在稻香中醒來，夜晚在蛙鳴中睡去的感覺。

蜿蜒的田間小路、暮色中的土角厝、眾聲喧嘩的三合院、河溪旁洗衣的媽媽們和捕玩魚蝦的小孩……這些如潮水湧來的童年記憶，到現在都還令我十分懷念。

我們王家世代務農，我的曾祖父娶了兩房妻子，爺爺則生養了五男三女，是一個大家族。我身為長房長孫，備受長輩們厚愛，從小就黏在爺爺奶奶屁股身邊，念小學之前，我每天都還跟奶奶一起睡。

爺爺的子女眾多，所以許多堂叔堂姑年紀都比我

小，我的親叔叔甚至只大我兩歲多，加上我們家族有長壽基因，人口就愈來愈多了。

記得我的曾祖母活到一〇五歲才辭世，她出殯時算是喜喪，身為第五代長孫的我，才剛念幼稚園，當時還穿得一身大紅袍，讓我印象十分深刻。那是我第一次接觸「死亡」，印象中只留下一種平和喜氣的感覺，彷彿用來送別曾祖母的不是哀戚的葬禮，而是一場家族團聚的饗宴。

每年我們家族掃墓，親戚一出動接近上百人，都得在墓園附近搭上大型的遮陽棚，才能容納所有人齊聚一堂。掃墓當天，每家親戚都要準備一串鞭炮，然後全部串起來一起放，放完全部的鞭炮至少要二十分鐘。我太太第一次陪我回家掃墓時，還差點被這麼龐大的陣仗給嚇壞了！

有一次爸爸到我餐廳來幫忙，隔天有位客人跟我太太說：「昨天你大伯有來店裡幫忙耶！」

我太太聽了以後笑說：「我老公是獨子，我沒有大伯，那位是我公公！」可見我爸爸有多年輕了。

我的老家是一座傳統的三合院，當時鄉下還沒有自來水，每戶人家都要到井邊打水挑水。廁所都在屋外，

多半與牛棚或豬舍為鄰。

除了養牛之外，我們家還養了滿坑滿谷的家禽家畜，光是豬就有一千多頭，我接生過小豬，曾經把豬當馬騎，另外還有羊、雞、鴨、鵝、魚等一應俱全。小時候只要到雞舍附近的土地上一挖，就有一大堆雞母蟲跑出來，是最省錢的天然玩具！

還不止這樣，我們家活像個動物園，因為大姑丈經營旅行社，早期經常出國，帶回許多國外的新奇玩意兒，包括孔雀、蟒蛇、德國狼犬、金絲貓等動物，由於他們住在台北，不可能豢養這些「珍禽異獸」，所以只要運回國的動物，就直接帶到我們家，我們家儼然成了姑丈家的後花園。

為了收留這些洋玩意兒，我們家還特地圍起一塊十五坪左右的地，蓋了遮風蔽雨的籠子，將動物們養在裡頭，供鄰居和自家人賞玩。孔雀每年會脫毛一次，「孔雀開屏」時豔麗炫爛的羽毛一根可以賣五塊錢，在當時簡直是天價，成了我小時候的外快。

老家有兩甲稻田（一甲為 3000 坪），附近有一座五甲大的池塘，快步走一圈至少也要四十分鐘。小時候學游泳不必花錢找教練，叔叔把我往池塘一丟，我就得

自己想辦法回到岸上，兩三次以後就學會了游泳。

當時池水清澈見底，在池塘裡玩水比現在到游泳池泡水還乾淨。我們不但玩水，還能抓魚抓蝦帶回家加菜，真應了俚語那句話「摸蜆仔兼洗褲」。

自給自足，有吃又有賺

早期的台灣農村是 recycle（再循環）社會，以我們家為例，家裡種稻種菜，摘了菜就去養豬，豬的排泄物就倒到池塘裡餵魚，形成一種共生共榮的現象。

所以有人戲稱「吳郭魚是吃豬大便長大的」，那全是真的。在那個年代，豬吃的是天然的地瓜葉和家裡的殘羹剩餚，從來不打抗生素或生長激素，排出來的糞便乾淨無毒，完全沒有藥物殘留，魚吃了變得肥美碩大，一絲土味也沒有。

想吃魚就到池塘撈魚，想吃蝦就到溪邊抓蝦，掬手可得的食材不僅可供自家人吃，還是小孩子賺零用錢的門路之一。我們經常到田間野地去抓蛇，或到池塘河邊抓鱉、抓泥鰍或鱔魚。學校一下課，小孩子就會到田間去放置捕籠器，第二天中午下課，再到各個定點收回捕籠器，往往就能見到滿籠活蹦亂跳的魚兒。這原是小孩

子課後的工作之一，但對我們來說，就變成了「好玩的遊戲」，一點也不以為苦。

小孩子收了漁貨或水蛇之後，就交給大人，當時定期會有中間商來收購魚蛇，大人換到了錢，再分些零錢給小孩子，這種工作好玩又有錢賺，所有小孩子都做得眉開眼笑！

記憶中我的童年就是一直在玩，釣魚、爬樹、游泳、捕小鳥、鬥蟋蟀、抓筍龜蟲、抓泥鰍、鱔魚和鰻魚、焢土窯烤地瓜……，彷彿天天都在參加夏令營。

現代的孩子不必下田幫忙農務、也無須打工貼補家用，天天忙著上安親班、才藝班，終日沉迷於網路、電玩遊戲，看似生活富裕，心靈卻未必有我小時候的快樂富足。

雖然這個世界已經變了模樣，一切再也回不去了，但我始終懷念小時候樂趣無窮的大自然生活。

如今，童年的記憶也成了我工作的動力之一，我要盡最大的努力，推廣有機健康的概念，還給大自然清新健康的原貌，讓世世代代的孩子們享有和我同樣的生活品質。

02　大自然神奇的能量

神奇的自癒力

　　身為農村小孩，我平時要幫忙種菜、割稻、撿柴火、割草餵牛、養豬、養雞鴨，這也使得我從小就跟動物很親近。

　　做這些工作很容易受傷，我身上的傷全是在農村裡留下的印記。我左手食指上的一塊肉，就是小二時割草餵牛，不慎連指甲一起割掉的，到現在指甲的長相都還很怪。還有一次，大我兩歲多的叔叔在我身後割稻，一個不小心，手上的鐮刀竟劃破我的左腳筋，當場又是一陣血流如注。

　　鄉下地方沒有醫院，開車到城裡的醫院起碼要半個鐘頭，根本緩不濟急，所以傷口沒有縫合，也沒有擦藥，直接用衛生紙包起來，橡皮圈一綁就算了，一陣子之後，傷口自然癒合，只留下淡淡的傷疤。

我右額上還有一道傷口，則是被姑姑的菜刀切到的。當時姑姑站在大灶前切菜炒菜，我站在一旁看著補柴火，眼見火勢轉小，我拿了柴火趨前要往大灶裡塞，姑姑不知道我走近了，用菜刀托著菜轉身往大鍋裡扔，刀口一下子迎上我的額頭，當場破皮流血，但消毒擦藥之後，沒多久又是一尾活龍。

　　即使有意外不斷發生，但是在那樣的環境下長大的小孩，卻很少生病，即使受了傷也能很快痊癒，彷彿從大自然裡得到神力一般。多年之後，我能一直保有健康的身體，應該就是小時候與大自然如此親近，才打下的好底子吧！

大自然充滿能量

　　這些快樂的童年回憶，讓我從小就很喜歡花花草草，並且清楚柴米油鹽醬醋茶都是怎麼來的。喝水就取井水，即使沒有自來水、過濾器，也不曾喝出什麼問題，洗澡不用熱水器，全用柴火在大灶燒出的熱水；想吃飯家裡有種稻，想吃菜家裡也種菜，想吃雞鴨鵝魚蝦，就殺雞撈魚抓蝦，想吃雞蛋鴨蛋，到雞舍鴨舍一拿就有。

　　我親身體驗過什麼是汗滴禾下土、什麼是粒粒皆辛

苦；知道雞鴨要怎麼養、鮮魚要怎麼挑、什麼樣的肉健康好吃，因為我們家就是生產者，日常生活裡要吃要用的東西，幾乎都取自於周邊的自然環境，完全不用上市場買賣。

　　童年的無憂歲月，孕育了我接近自然、親近土地的天性。這些親身經歷，讓我對食物充滿感情，我通曉他們的來源、生長過程和結果，農業的根本早已植入我的心中。

　　天然的食物和環境充滿了正向的能量，這是我在大自然裡一再感受到的，這也是為什麼生了病的人，一住到大自然的環境中，就能加速痊癒的緣故。

　　現代的都市叢林已經很難保有我童年時的景象，雖然我們無法阻止現代化的腳步，卻可以設法避免高科技對人體造成的傷害，只要深入了解怎麼挑選食物、怎麼吃、如何保護日漸減少的自然環境，就能在娑婆人間找到自己的一方天地，過著清淨無毒的健康生活！

第 *3* 篇

揹著書包上學去

當了三年學校裡的優等生，對於「考上第一志願」這件事，我幾乎是唾手可得。然而，高中聯考失利成了我人生的第一場敗仗，帶給我前所未有的挫敗。

01 100 分的輸家

校園風雲人物

　　小學五年級那一年，我們全家搬到了中壢市，離開了熟悉的農村生活。度過搬家的適應期之後，我逐漸發現，原來農村以外的天地竟是如此遼闊，每天都發生好玩的新鮮事。

　　回想起來，這次搬家應該算是我人生中一個重要的轉捩點，搬家後我的視野與心智為之大開。

　　後來我進入中壢國中就讀，我在國中的成績很好，一直是班上的前三名。除了學科成績優異之外，我還有從小在農村練出來的體能，腳力驚人，彈跳力特佳，舉凡打球、賽跑、跳高、跳遠等各項運動都難不倒我，於是我成了班上帶頭的孩子王。參加各項比賽總是名列前茅，常常率領校隊出征，是學校裡的風雲人物。

　　小學時，我的個子算是矮的，升高中和升大學的暑

假，整整兩個月我天天帶著妹妹們去打籃球，每天下午四點打到晚上七點，從不間斷，我的身高 182 公分，能長這麼高，我想「運動」就是關鍵之一了。

除了體育以外，我對美術向來很有興趣，素描更是強項，只要把實物擺在我面前，我幾乎可以畫出相似度 90% 的畫作。有一次我代表班上參加國畫比賽，從沒學過國畫的我，臨摹叔叔畫過的竹子，居然可以拿到第三名的成績。我還曾經想過往美術發展，但是因為我的成績太好，師長們極力游說我繼續升學，最後我還是乖乖聽爸爸的話，忍痛放棄了美術班。

生命中難以抹滅的魔咒

我們家從不主張打罵小孩，我從小到大都不曾挨過長輩的打。有一次我和同學打了架，老師一狀告到校長那兒，當天校長就到家裡來拜訪爺爺。我很好奇，躲在屋外的樹叢中探頭探腦，想聽聽看他們說什麼，只見兩人面色凝重地交談了一陣子，校長就告辭離開了。

我以為這下子死定了，但爺爺卻沒有任何動作，一切就跟平常一樣，什麼事也沒發生。過了一段時日之後，奶奶突然語重心長地對我說：「阿勇啊，做人不要

太風神喔。」（台語發音），意思是：做人處世不要鋒芒太露，凡事中庸即可，以免招人嫉。

言下之意，奶奶對我這個長孫的期許只有：不要強出頭，乖乖過日子，平安健康長大就好。

奶奶這句話從此烙印在我的潛意識裡，令我至今難忘，成了我的煞車器，每當我要往前衝時，奶奶的話就像一股無形的力量將我拉住，讓我又停下了腳步。

從此我變得優柔寡斷，到現在都還為此所苦。如何「拿捏」或許就是我人生必修的功課之一吧！

好學生的滑鐵盧

我從小一直有個心願，希望自己能考上好學校，成為家族中第一個大學生，甚至是第一個博士，闖出一番成就光耀門楣。國三時，我在師長的鼓勵下報考了台北區高中聯招，希望能一舉考上第一志願。

當了三年學校裡的優等生，對於「考上第一志願」這件事，我幾乎是唾手可得。考完之後，我一直覺得自己勝券在握，沒想到一放榜，才知道自己中箭落馬，連前三志願都不幸落空。

高中聯考失利成了我人生的第一場敗仗，帶給我前

所未有的挫敗。

　　我一直不明白自己的成績為何如此失常，後來經我逐漸推敲，發現有可能是敗在作文上。鄉下小孩的文筆，終究有種說不出的土氣，不入城市老師的眼，作文的批閱本來就很主觀，不同於其他科目有標準答案，往往幾分之差，就可以決定你要念哪一所學校，我就是以數分之差，落出了前三志願。

　　經此一役，我從搬家以來又再次感受到城鄉差異，這種感覺後來一再出現在我的高中生活裡，讓我覺得自己始終無法融入台北這座城市。

　　相形之下，我成了一個土氣的鄉下小孩，不再是師長眼中看重疼愛的好學生，無論是外在的打扮和內在的價值觀，都和台北人格格不入，這一切都讓我覺得孤獨又自卑。

　　我印象最深刻的一件事是：某天老師要我們就某個主題，選出一首代表的歌曲及演唱者，台北同學們選的都是諸如 Paul Yang〈Forever Young〉之流的西洋歌曲，老師看到我選的是李宗盛〈和自己賽跑的人〉之後，說了一句「蛤～這個很 low 耶！」，讓我深受打擊。

　　到了高三，我經常搭同學的摩托車一起去補習，在

環河道路上，我們一路從士林狂飆到南陽街，回程則是我一個人搭公車回住處，我永遠記得這個天天重覆的畫面：晚上九點多，補習班下課後，我從南陽街坐公車回士林夜市，一個人揹著書包，站在公車上，手握著吊環，看著車窗外的夜景一幕幕退去。

　　我原先不能明白，自己對高中時期的記憶為何如此模糊，幾乎想不起什麼值得一提的事，如今回想起來，高中生活之所以如此黯淡，多半還是心態問題，你如何看待你的生命，你的生命也就如實呈現。名落孫山讓我覺得委屈，水土不服讓我處處掣肘，沒有成就感，日子得過且過，也就成了一段我不想再回顧的灰色軌跡。

　　如果我再也不想再過這樣的日子，我就必須努力向上，考上大學展開新的人生，才能擺脫過去的陰影，高三就在昏天暗地的苦讀中逝去，大學聯考的日子也愈來愈近了……。

一上考場就失常

　　有了一次高中聯考失利的經驗，面對大學聯考時，我已沒有當時的信心滿滿，比較能抱持平常心應試，沒想到還是不如人意。

聯考頭一天考的第一科就是數學，我進了試場應考，沒有想到考卷在我眼前，而我腦中居然一片空白，一陣胃痛襲來，全身冒出冷汗。整張考卷不知從何下筆，一道題目都寫不出來，慌張中難以強自鎮定，最後只能無力地胡亂填答案。

　　恍恍惚惚出了考場，媽媽被我濕透的全身和發白的臉色嚇壞了，怎麼好好一個人進去，出來之後全變了樣？直到後來我學了健康知識才知道，有時候情緒過度緊張，會導致腸胃痙攣，造成極度疼痛而失常。

　　除了數學成績差強人意之外，其他科目卻考得很順手，考完之後我信心滿滿。然而放榜時簡直令人傻眼，幾乎每一科都在高標之上，唯獨數學是低分，想進國立大學已是希望渺茫，繼高中聯考失利之後，我有一種「又掉下山頭」的感覺。

02 阿德的悲劇

學習獨立過生活

　　高中時未能考上前三志願，我感到十分挫敗，因為很難接受這樣的結果，整個高一我過得自暴自棄，直到高二進了學校的排球隊，開始認真練球，才脫離了萎靡不振的生活。

　　剛上台北人生地不熟，初期我借住在大姑姑家裡，上了高二之後，就到外面租房子。

　　那是我生平第一次獨自生活，一切都要自己打理，所以我十六歲就會洗衣燒飯。當時為了節省房租，跟三個同校同學合租了一處公寓頂樓加蓋房子，沒有電視也沒有電話，要對外聯絡，都要請人打電話到樓下的房東家，我們再下樓接電話。

阿德事件

高二寒假前，和我感情特別要好的室友阿德突然發高燒，我們只好聯絡阿德的家人，將他帶回家照顧治療，沒想到阿德就這樣有去無回了。後來我才知道他生了一場重病，從加護病房出來之後，神智失常，最後被家人送到廟裡。

一直沒辦法確切得知他的狀況，我們幾個室友也急了，於是找了一個星期天，三個人先坐火車到瑞芳，再從瑞芳轉搭一列只有兩三個車廂的單軌小火車，彷彿深入叢林般地翻山越嶺往前行，好不容易才到達那間收容阿德的廟。

見到阿德時，我們幾乎快認不出他來，他整個人骨瘦如柴，像個病懨懨的小老頭，當然也認不出我們了，一籌莫展，我們只得黯然離開。

這是我第一次與「疾病」這麼接近，日後我經常思考：一個人為什麼會罹患連醫生都束手無策的怪疾？當醫生也救治不了我們的身體時，我們就只能坐以待斃嗎？這世上有沒有一種方式能夠凌駕醫學之上，趕在人們生病前就防止疾病的發生？

多年後，在我面臨事業抉擇時，阿德的事件又重新浮現在我腦海中，成為啟發我投入有機健康事業的動力之一，我或許無法成為醫生，用藥物助人起死回生，但我可以做些對「健康」有正面意義的事，給予人們健康的食物、知識和觀念，幫助人們過健康的生活，避免他們重演阿德的悲劇。

03 每次只專注一件事

事無大小，專注，就對了！

我從小就很喜歡各種小動物，也很喜歡蒔花弄草，因此聯考前我志在國立大學的醫學系、生物系、植物病蟲害、或是景觀設計系等科系，好跟我喜歡的事物長期為伍，可惜被數學拉低分數之後，我的選擇頓時少了許多。

高中到台北讀書離家多年，爸爸很希望我能念離家近一點的大學，而我在台北獨自奮鬥三年也累了，很想回到家人身邊。當時土木建築行業欣欣向榮，家人希望我能選讀建築相關科系。

於是選填志願時，我將好幾所大學的建築系和土木系都填了上去，放榜之後，如爸爸所願，我被分配到了中原大學土木系。經過三年的在外流浪，我終於又回到故鄉中壢。

我從小就擅長各項運動，進了大學也不例外，入學第一年報名參加校際運動會的游泳比賽，就拿到不錯的成績，還被封為「土木蛙王」。

　　大一到大三，我都是排球校隊及系隊的一員，三年都拿到排球系際盃冠軍，甚至代表中原大學帶隊參加校外比賽，拿到大專系際盃冠軍，到現在我家裡都還擺著一長排的獎盃。另外，我也參加過撞球比賽、保齡球比賽，成績都相當優異。除了培養榮譽感之外，這些體育活動與賽事也間接培養了我組織領導的能力，可說是我念大學的一大收穫。

　　我一直保有一個習慣：每次只學一種運動，學到淋漓盡致之後，再換另一種運動，從頭來過。無論是躲避球、籃球、排球或保齡球，只要是我想做的事，就很努力專注地做好，只要我願意，就一定能學會。

　　我是個一次只能專注一件事的人，我不輕易承諾，一旦做了承諾，必定會排除萬難堅守諾言。

　　我喜歡凡事簡單不複雜，雖然有人笑我是木頭，但專心致志，卻是幫助我在愛情、家庭與事業上，能夠一路向前的莫大助力。

04 抽中籤王 入伍從軍

進入魔鬼訓練營

大學畢業後，我很快就接到兵單，1995 年便入伍當兵去了，而且很「榮幸」地被選為憲兵。

記得當年入伍抽單位時，我忐忑不安等著被叫上前。突然不知怎麼傳來一陣掌聲，全場興高采烈，原來是有人抽中裝甲憲兵營。我一頭霧水，心裡納悶這是怎麼一回事，裝甲憲兵營又不是外島，大家幹嘛怕成這樣？又幹嘛高興成這樣？

恍惚中突然聽到長官叫我的號碼，趕忙上前抽籤，沒料到抽中第二個名額的人，居然就是「我」！當下全場又是一陣歡聲雷動，我回到座位上，眼角餘光還看見身旁的人鬆開緊握的拳頭，嘴角泛著一股笑意。

原來，我抽中的裝甲憲兵營，竟然是憲兵隊裡最操的單位，也是憲兵隊中唯一配有水陸兩棲裝甲車的單

位。這個特殊單位的憲兵，因為身負重任，訓練特別嚴苛，簡直是人人聞之色變的魔鬼營。

傳說都是真的！我們每天早上五點多起床，揹著槍枝彈藥跑先 5000 公尺，吃完早飯，炎炎夏日裡，還要穿著十幾公斤重的鎮暴裝，戴著防毒面具，手持沉重的盾牌與棍棒，不斷排演鎮暴隊形，幾乎從早到晚都在操練體能。不到幾個月的時間，我從八十幾公斤的「珠圓玉潤」爆瘦到 65 公斤，差點成了「黑乾瘦」的難民。

參與鎮暴任務

裝甲憲兵營也是鎮暴單位，若有抗議隊伍接近總統府，或抗議人潮發生動亂時，就是我們上場保衛人民的時候了。

1996 年元旦凌晨四點，我們整營的人開拔到北一女中大禮堂，等著在五點的升旗典禮前，圍著總統府拉出一道人牆，將整個凱達格蘭大道隔開來。那天根本沒有時間吃早飯，我特地帶了一條巧克力，想找個空檔填填肚子。

當天景福門的交通管制一撤，手持黃旗的新黨黨員如千軍萬馬般地殺過來，整個總統府前廣場瞬間成了捉

對廝殺的戰場。所有憲兵人人手臂扣著手臂，形成一堵堅固的人牆，抗議的民眾眼見無法突圍，一邊破口大罵，一邊拚命用旗桿戳我們，我們只能咬牙忍耐。

抗議人潮為了突破防線決定改變戰術，將人牆打出一個缺口，於是有好幾個人合力將一名憲兵整個人抬起懸空，人潮再從底下鑽過去。

被拖走的憲兵，有時遭抗議人潮圍毆，有時被高高舉起後，再扔到一旁。有些憲兵清醒之後，又馬上歸隊繼續當人牆，傷勢太重者，只能慢慢起身等待救援。而只要有某一個憲兵被迫脫隊，我們就會立刻扣住下一個人的手臂，絕不能任人牆崩塌。

等到這陣兵慌馬亂過後，在元旦那麼冷的天裡，我口袋裡的巧克力竟熱到溶成液體狀，可想而知，那場暴動形成的溫度有多高了。

親臨暴動現場造成我內心極大的衝擊，從前這些肢體衝突事件只在電視機前看到，沒有太多的感觸，如今身處其中，才深覺爭取民主的道路竟是如此崎嶇難行，必須有這麼多人流血流汗的抗爭，才能開闢出一條民主坦途，能親眼見證民主歷程的一小段風景，也算是人生難得的經歷！

身懷一技，成功轉調單位

這次鎮暴行動中，我雖然只受了點小傷，卻受到前所未有的驚嚇，加上日也操夜也操，讓我起了轉調單位的念頭，希望脫離苦海。

老天爺似乎聽到了我的心聲，沒多久就出現了轉調的機會：憲兵隊在圓山飯店附近的總司令部要翻修營舍，需要土木工程背景的人才，我因為學有專長，很幸運地也被點名，離開了可怕的魔鬼營，成了新單位的工程士官。現在圓山飯店旁紅瓦白牆的憲兵總司令部，就是我當年參與的重大工程。

來到憲兵總部工程排之後，監督總司令部的重建工程，跟我後來退伍後從事的工作大有關係。

在軍中兩年，訓練了我做事的態度與能力，還意外地讓我存下不少錢。當時我請女朋友小如幫我跟了一個會，每月拿到薪水後只留下兩千元的零用錢，其他就全交給小如管理，我一天花不到一百元，除了休假回家的車錢之外，我幾乎花不到什麼錢，當完兵我存下了二十多萬元，也成了我的結婚基金。

1997 年，五兩三梯次的我，終於光榮退伍，結束了七百多個數饅頭的日子。

在憲兵總部留影

筆挺帥氣的憲兵制服下是辛苦的汗水

05 一生只愛一個人

男版沈佳宜

　　2011 年知名作家九把刀拍了一部自傳式電影《那些年，我們一起追的女孩》。這部電影我一共看了四次，每看一次，就讓我不斷回顧年少的青春歲月。

　　電影中又漂亮又會唸書的優等生沈佳宜，是班上男同學心目中的女神，而我在國中時，就是男版沈佳宜。我長得夠高，又是籃球校隊員，練球或比賽時，場邊總有不少女生為我加油。

　　功課上，我也一直保持在班上前三名的水準，很多女同學、學妹們，經常私底下彼此較勁，想盡辦法要吸引我的注意，我幾乎三天兩頭就收到告白信。

　　我還記得有個女生幾乎每天送我一張書籤，上面抄錄了一些意境優美的詞句，有時她會藉書籤上的詞句勉勵我，有時也會透過藏情的詩詞，婉轉表達對我的愛

慕。每天只要一放學，我的腳踏車後座就會擺著一張美美的書籤。

　　直到念大學時，還有女同學在同學會後寫信給我，說她到上大學還很喜歡我。受到這樣的青睞，真是令我覺得受寵若驚。

友達以上，戀人未滿

　　國二時，我遇見了我生命中最重要的女子，也就是我太太小如。我很幸運，第一次談戀愛就能修成正果，一路和太太相知相惜地走到現在。

　　開學第一天上課，小如就坐在我隔壁，她的身影樣貌都令我的目光忍不住駐足。靠近她，我的內心隱隱有些忐忑，偶爾瞥見她清靈的大眼睛、不時含笑的模樣，總是讓我有種莫名的悸動。

　　人的感情多半是互補的，總是一動配一靜，小如的樂觀開朗，到現在都還深深吸引著我；我做事一向謹慎保守，凡事都要事先規劃，有時甚至到了「龜毛」的程度，而她做事積極主動，不顧一切就勇往直前，更是讓我十分欣賞。

只是，我們雖然彼此心儀，卻從不曾言明雙方是男女朋友，我很單純地以為我們之間完全是友達以上，戀人未滿。在許多年以後，我才知道自己早就被「訂走」了。原來小如曾經向其他女生「宣示主權」，要她們別打王明勇的主意！

　　國中畢業前，小如送了我一本「意味深遠」的書《誰應該與我相遇》，封面上標榜此書為眭澔平「從十七歲到三十歲的完整告白」。她的題字與書名相互呼應，十分耐人尋味：「明勇，到底人的一生當中，要與多少人相遇？到底在命運中，注定了哪些與我們相遇、有情、有汗水、有努力、有辛酸，在未知的未來中，你我的相遇只是兩個命運的交錯，相遇時便要惜緣！如 1991.7.16」她何其聰慧，短短的幾句話，竟預示了我們兩人的未來。

重修差點被當的愛情學分

　　我到台北上高中了以後，一直與小如保持筆友的關係，藉由書信表達對彼此的關心。考完大學聯考，我決定去探望和我長期通信的「筆友」小如，於是一個人從台北坐車到新竹找她。見到亮麗如昔的她，我心中十分

大學時代我與小如的合照

在我畫筆下的小如

我和小如一起出國參訪農莊

我與小如與襄襄

雀躍，她眼角含笑的模樣，再度令我怦然心動。

　　我們遊歷了新竹大小觀光景點，四處品嚐新竹的風味小吃，玩得十分盡興。吃過飯、聊完天，天色已不早了，我也得回台北了，至今我仍清楚記得那天離別的畫面：她送我到候車亭，幫我買好票，我們一起坐在候車亭裡等車，當下我幾乎有點希望公車不要來，但國光號還是很不識相地準時發車，看著車後她愈來愈小的身影，我心中的不捨也愈來愈強烈，當時，我還不懂「難捨」原來也是愛情的一部分。

　　我一直沒有注意到小如深情，這份難得的禮物我差點還沒有得到便已經失去了。後來，在經歷了一番感情風暴後，我和小如正式成為男女朋友，我們確認了彼此的心意，並以結婚為前提交往。

做了只有愛情的抉擇

　　在愛情方面，我一直是個慢熱又被動的人，向來都是女生追我，我從來不曾追過女孩子，所以之前我並不珍惜小如的付出，跟呆頭鵝沒兩樣，身旁女孩們的爭風吃醋，是我永遠沒興趣去探索的謎團。然而，專心專注是我最明顯的性格，一旦我下定決心要做的事，就會心

無旁鶩，專心致志。

許多人對於我在感情上的從一而終覺得不可置信。殊不知我的愛情觀就和我的人生觀一樣，在我眼中，戀愛就該專一，才能有好結果。

在我退伍之後，雙方家長就催著我和小如結婚了，但當時心想應該先找好工作，有了經濟基礎，才有資格論及婚嫁，直到進入社會工作一年多，存了些錢之後，才開始挑日子辦婚事。

1999 年 4 月，我和小如愛情長跑多年終成眷屬，順利步上紅毯的另一端。

這幾年因為工作我常在國內外奔波，常有人跟小如開玩笑：「王太太，妳要隨身攜帶寶劍，隨時斬斷先生外面的桃花！」她聽了並不在意，因為她深知我對婚外情毫無興趣，更沒有操作外遇的天分，給了我極大的自由。這就是「專情」換來的好處，伴侶百分百的信任，就是人生最大的幸福！

能得到小如這位命定的女子，是我一生最大的幸運，她對我的用情至深，實非常人所能及，她的不離不棄，陪我走過半生風雨，我好感激小如出現在我生命裡，為我的人生增添這麼多美麗的色彩。

第 4 篇

開啟我的
生機路

工地意外的發生讓我對建築的熱愛產
生掙扎，在至親的鼓勵下，才開始接
觸台灣剛興起的有機產業。我從頭學
起，開始進修相關的學分，並且到德
國、瑞士、日本、澳洲、美國、加拿
大去體驗學習。

01　一頭埋進有機世界

赤手空拳從零開始

遭逢工作上的重大意外，讓我對建築這份工作產生掙扎，而王先生的邀請，適時地在我心中投下了震撼彈。兩下為難之際，高中好友阿德因病而困居山中的悲劇，又再度浮現在我的腦海，如果我能擁有一份關照健康的事業，是不是就能彌補看到好友生病而自己一籌莫展的遺憾？

最後王先生說服我的是：這是一份自己有興趣、可以照顧健康、可以兼顧家庭、可以融入生活、又可以當成終身事業的工作，經營有機事業，不就是一個可以滿足這五項要求的完美工作嗎？所謂的「有機食物」，不就是我從小在吃的東西嗎？而種菜、養殖也是我小時候做過的事，經營有機事業，就等於回歸我童年時的生活，這不是很有意思嗎？

在經過了一個月鄭重的考慮之後，我便接受了王先生的邀約，1997 年 10 月到台北「無毒的家」工作，開始了每天往返台北中壢上班的日子。

王康裕先生本身是一位藥師，更是西藥進口商，創辦了知名胃藥品牌「吉胃福適」，後來移居加拿大，看到溫哥華的有機超市寬敞明亮，也認識了許多有機產品，於是逐漸習慣使用，後來甚至迷上有機產品。1999 年他在加拿大成立「無毒的家」國際連鎖店，後來在加拿大、美國都設有分店。

王先生搬回台灣後，遍尋不著有機食物，只好自己進口，但是愈訂愈多，分給朋友或同事根本吃不完，於是乾脆開一家有機店販售，於是創立了台灣「無毒的家」。店裡的商品自然也就清一色來自國外，與加拿大分店互通有無，柴米油鹽醬醋茶樣樣都有，全是在國外取得有機認證的優質商品，「無毒的家」因而成為業界的舶來品有機店。

我一進公司就擔任「總經理特助」，但其實全公司只有寥寥幾個人。

剛踏入新領域的我，內心其實很惶恐，第一天上班根本不知道自己要做什麼，王先生是個「無為而治」的

老闆，把我介紹給公司同事，帶我認識一下公司和產品之後，並沒有特別交待什麼工作，就任我一個人去熟悉環境了。

往後王先生做什麼，我就跟著做什麼，邊做邊學。王先生是個喜歡閱讀的人，他一開始先是給我《無毒的家》這本書，要我詳加研讀，算是我在這行的啟蒙書，這也是我自學的開始。

我發現最快進入這個產業的捷徑便是讀書，於是我開始大量閱讀，找了有機領域裡歐陽英、李秋涼、雷九南、范秀琴等前輩的著作來研究。

王先生的日文造詣很好，特別推崇日本大師的著作，我也開始認識日本這方面的權威人士，例如全球首屈一指的胃腸科醫師新谷弘實，他的著作《不生病的生活》一書在台熱銷幾十萬本，更是搖滾歌手、國際時尚設計師、好萊塢巨星的指定醫師；還有長年實踐「黑食」和「斷食」的石原結實醫師，許多日本高官顯貴都住過他的斷食道場，他的著作也是台日兩地暢銷書排行榜的常勝軍。

後來又涉獵西方多位有機大師的作品，如自然療法之父馬克斯‧葛森（Max Gerson）的葛森自然療法、巴

無毒的家（外觀）

無毒的家（內部）

德維（Johanna Budwig）博士的好油陽光療法、布魯士（Rudolf Breuss）博士的根莖蔬菜汁斷食法等等。

此外，我也常常翻閱《新世紀飲食》、《救命飲食》、《營養治療的處方百科》、《癌症的治療》、《人體疾病圖解大百科》、《破解宋美齡長壽密碼》、《回歸身體的喜悅》等數十本健康相關書籍做為輔助，有些書甚至都被我翻爛了；就這樣由淺入深，逐漸了解有機健康的世界。

一開始因為不了解什麼是「有機」，只能邊做邊學，再努力讀書進修，由於毫無基礎，我必須比別人用功，才能跟上別人的程度，於是把一天當兩天用，拚了命吸收新知。既然沒有人教，只好先觀摩成功的案例，加以學習仿傚，我也四處去向同業請益，虛心求教前輩，當時為公司跑遍了整個台北市，認識了許多好朋友，棉花田、綠色小鎮等有機體系都有熟識之人，到現在都還往來頻繁。

此外，我自知沒有醫學背景，也利用下班和假日時間在職進修，於 2005 年和 2008 年，分別到台北醫學大學念了營養保健學分班以及食膳保健學分班。有這個進修的機會，也要感謝我的啟蒙恩師潘懷宗博士及謝明哲教授，「無毒的家」先是邀請謝教授到公司演講，多方

接觸後，覺得彼此的理念十分契合，從此便聘請謝教授當公司的顧問。

後來「無毒的家」希望與台北醫學大學產學合作，敦請校方開辦相關課程，輔導教育有機產業的從業人員，謝明哲教授便為此創辦了這兩個學分班，為我們的專業奠定了學術上的基礎，加強從業人員的公信力。此後「無毒的家」也要求店長必須念完這個學分班，因為沒有學術背景，更要加倍努力，增強專業知識，才能以最快的速度步入軌道。

學分班因應不同課程，請到不同領域的教授來上課，2005 年，潘懷宗博士也曾受邀到課堂上來談癌症相關主題，這便是我和潘博士結緣的開始，此後潘博士對我一路提攜，給了我很多意想不到的機會，讓我的人生更上一層樓。

此外，我又以函授方式修完澳洲生藥學院（Australian School of Herbal Medicine）的學分。「無毒的家」也因而與澳洲生藥學院結緣，繼我之後，很多加盟店店長也陸續以函授方式，長期於該學院進修。

憑著孜孜不倦的努力，我一點一滴地克服了對陌生的恐懼，用能力取代了學歷，逐步走出自己的一片天。

大事小事一手包辦

　　我雖名為特助，實際上等於是這家公司的「總管」，什麼都管、什麼都做，我常開玩笑地說：「有機事業我是從掃廁所開始做的。」

　　從第一家店到第一百家店，所有的歷程我都涉獵了：從一開始搬貨送貨、產品行銷、業務拓展、國外訂貨、商品進口、倉儲物流、連鎖加盟，接著又辦健康講座，擬定課程內容，找店家寄售商品，到最後的收帳動作，全都一手包辦，甚至連公司開分店，沒有請設計師畫圖，而是我帶著木工，發揮當年蓋房子的本事，從頭到尾把一家店裝潢好，還順便幫忙貨物上架，並兼做商品陳列設計。

　　除了當公司的總管，我也和王康裕先生及蔡涉真小姐（現任中國亞力山大健身中心有機部門副總經理）輪流當講師，這可說是我訓練口才的開始。在此之前，我從未受過任何演講方面的專業訓練，專業知識我經常受王先生指導，而健康創意料理則是蔡小姐一手調教，因此第一次上台當講師，我緊張得汗如雨下。

　　那天講課的主題是「乳酸菌的好處」，我一邊上課

一邊示範優酪乳怎麼做，面對台下一群比我年長的婆婆媽媽們，心裡真是緊張得不得了。一堂課講完下台，蔡老師十分不解地說：「明勇，你表現得不錯，但是你怎麼好像從游泳池回來？」原來我緊張得冷汗直冒，不但襯衫、西裝褲溼了一半，連領帶都溼了。

現在我一站上講台就侃侃而談，有時候渾然忘我還要學生幫忙提醒下課，誰知道當年我曾經這麼糗呢？

我在總部待了一年多以後，愈做愈有心得，公司的業務逐漸穩定，最後把我太太小如也找進公司幫忙，成為第一任的忠孝店店長，我們夫婦首次在同一家公司併肩作戰，小如從此成了我事業上最佳夥伴。

我剛進「無毒的家」那兩年，公司虧損慘重，當時許多國人跟我一樣，根本連什麼是「有機」都一知半解。公司產品丟掉的比賣掉的還多，王先生就常喝掉過期的有機豆漿，當時公司的營運完全是靠王先生賣藥賺來的錢在支撐。

為此我們想辦法要拓展業務，甚至史無前例地發展出快餐車服務：公司買了一部貨車，可以載著鍋具、餐具、食材，四個人一部車就能辦數百人份的餐會。當時致力於推廣有機食材，與許多企業接洽，對方不懂什麼

是有機，就請我們先做給員工吃吃看，偏偏沒人懂什麼是有機，外燴工作無法發包給別人，只好一切自己來。

我們按照對方給的預算，開出了菜單，準備好所有相關的設備和食材，再開著快餐車到外燴地點，在有限的時間內，現場煮好熱騰騰的有機餐，我記得有一次風塵僕僕從台北開拔到高雄，舉辦三百人份的餐會。另外一次則在飯店頂樓辦餐會，結果遇到颱風天，根本沒人來吃，所有食材都必須丟棄。那天我載了兩桶有機冰淇淋回家，全家人吃得不亦樂乎。

納莉風災重創公司

2001 年 9 月 17 日納莉颱風襲台，整個台北市大淹水，連捷運都因為淹水停駛了三個月，這是我第一次看到家裡淹水，屋外更是汪洋一片，站在我中壢家的二樓，還可以看到馬路上有人在划船，而我們公司更是因為這次風災差點倒閉。

總公司和倉庫都位在地下室，納莉颱風帶來的風雨，讓整個公司的生財設備、所有商品全部泡水，我們被急召到公司整理災難現場，地下室全部泡在水中，抽光污水之後，剩下滿屋子的惡臭，成本昂貴的有機商品

早已面目全非，被深埋在泥濘當中。

　　這些泡水商品外觀雖然損毀，本身卻都安全乾淨，但為了健康和法令考量，只好忍痛把他們全丟了。然而泡水貨還不能隨意丟棄，萬一被人撿去吃，出了什麼問題就麻煩了，於是我和同事幾乎是流著眼淚、將幾千件商品一一拆封丟棄，一罐一百五十元的豆漿、一瓶幾百元的果汁，幾十箱視若珍寶的商品竟被如此對待，在場的人無不心如刀割。

　　當時公司的規模不大，只有木柵、大直、忠孝三家店而已，幾乎無力負擔這次的財務重創。

　　公司經此重創，損失了好幾百萬，只能重新整頓，於是找來新股東增資，數月之後，「無毒的家」又是一尾活龍，成了業界同行口中的「九命怪貓」。王先生王太太和我們兩對夫妻同心協力為「無毒的家」打下了一片江山，「無毒的家」也逐漸擴大為三十幾家分店，而且遍布全台灣。

　　這些難關成了助長我經營管理能力的養分，懂得如何做危機處理。同時也讓我體會到一個人做事「態度」的重要，只要是對的、是該做的事，就要盡職地做好，一切終有雨過天晴的時候。

我在「無毒的家」總部待了兩年多，幾乎將所有營運流程 run 得滾瓜爛熟，期間還跟著王先生參觀各國食品展、相關的研討會，簡直一刻不得閒。在這兩年裡，雖然異常忙碌，但我從不以為苦，因為我認為老闆花錢讓我去學東西，真是再幸運也不過了，所以我很把握這些學習機會。

　　因為這些珍貴的經歷，讓我學會一家店如何從無到有，這些付出都是對自己最佳的投資，所習得的技能和經驗，對我日後創業有很大的助益，如果沒有走這一遭，日後我根本不敢冒險創立新品牌。

　　那時我和小如日子過得又忙又累，但是私底下只有我們兩個人的時間，經常互相打氣勉勵：不要計較自己都做些什麼工作，也不要在乎工作有多辛苦，因為無論做什麼都是一種學習，可以學東西又可以領薪水，再辛苦也值得。

　　每一種工作都是一個機會，只要有機會就要把握，所以我才能從最基層一路做到管理高層，這也是我的功夫比較紮實的原因。

　　公司到了第三年終於停止虧損，又隔了一年半，展店達到一百家，這才終於有穩定的規模可以支撐營運。

02 做出有品格的有機店

　　我在「無毒的家」工作兩年後，新竹分店開幕了，新竹店佔地廣闊，是當時全台規模數一數二的有機專賣店，開幕典禮還特地請來新竹市長剪綵，一時冠蓋雲集，媒體爭相報導，場面十分浩大。

　　沒想到雷聲大雨點小，業績跌破大家的眼鏡，當時有機的市場尚未打開，民眾還不了解有機食品的價值，經常會因價格而怯步，新竹店的生意因而每況愈下，開了快一年，業績始終沒有起色，加盟店主只好打退堂鼓，向公司表示打算要結束營業。

要不要撐下去？

　　這麼大的一家店要關門大吉，讓公司深覺臉上無光，加上當初開幕新聞炒得沸沸揚揚的，如今開不到一年就關門，對公司的聲譽影響實在太大，公司只好想辦

法找人接手。問題是，誰來接這個燙手山芋？

公司很快把主意打到我這個「總管」頭上，希望我能到新竹收拾殘局。但我在新竹人生地不熟，要我放下原本的工作到陌生的城市重新開始，實在是一大挑戰，我再度面臨了人生重要的抉擇。

我是個保守的人，一向沒有太大的企圖心，手頭有一份安穩的工作就好。而且我在「無毒的家」已經駕輕就熟，要將這一切完全割捨，實在不是件容易的事。因此，到底要不要冒這個險，令我猶豫再三。

然而，眼看公司面臨困境，新竹店頭洗了一半騎虎難下，我又豈能撒手不管？況且，成為加盟店主也是另一種挑戰，想到這一點，我的心又變得起伏不定。

其實，這並不是我人生中第一次創業，大學時期除了念書打球談戀愛之外，我還花了許多時間「打工」。大二那年，我頂下了一家小家教班，當時有三間教室，於是我找了兩個大學同學幫忙，一人教一個科目，教授國中生英文、國文、物理，有點類似安親班，家長把念國中的孩子托給我們，由我們幫忙照看，順便教他們念書寫功課。

當時算過，只要能招到六個學生，學費就足以繳房

租、水電費,每個老師也能有基本的薪水,大學沒課的時候,我們三個人就輪流到補習班來上課陪讀。創業自然不比打工,要花的時間和心力遠比打工多上好幾倍,只有打工經驗的我們,還缺乏經商的頭腦、企劃的能力,學校的課一排得緊,就挪不出時間輪流上班,弄得三個人心力交瘁,最後我們決定放棄創業專心讀書,這家補習班便在沒賺沒賠的情況下,結束營業。

難道,這是老天的考驗,我又要再度歸零重新做起?我有沒有辦法化危機為轉機?

就在這個時刻,太太小如鼓勵我要勇敢接受挑戰。不僅如此,為了熬過剛創業的過渡期,她離開了「無毒的家」,重回補教界執教鞭,那時她一個月可以有十幾萬元薪水,如此一來,即使我這邊創業初期業績不理想,這個家也不致於無以為繼。

因為太太的支持,使我幾乎沒有後顧之憂,於是湊到了一筆錢,頂下了新竹店。

以前在總部兩年只是學做生意,這次則是真正要做生意了。入主新竹店後,我抱著必死的決心,「要做就一定要做成功」!把自己當做日本電視節目《搶救貧窮大作戰》裡的主角,盡一切努力讓新竹店起死回生。

咬牙硬撐的草創期

2002 年，新竹店正式易主，我付了頂讓店面的錢，手頭上的現金所剩無幾，無力重新裝潢。同時，為了節省人事成本，偌大的店面只有我、媽媽和員工淑玲。

在店裡，由媽媽擔任主廚負責做菜，淑玲則是全場跑，大小雜務一手包辦，而我負責外場營運和內部管理，用餐時間點餐送菜，還要搶時間訂貨、銷售、結帳。

隨著環保意識和健康意識的抬頭，有機食品逐漸為國人所注意，然而有機商品價格動輒為一般商品的兩、三倍高，還是讓消費者望之怯步，所以一開始業績真是慘不忍睹。

我仔細算過，新竹店一個月至少要有三十萬的營業額才能打平，但當時一天竟只有兩千元進帳，扣掉商品成本，只有六百元的利潤，其他的房租、水電費、員工薪資都還沒算在內。

對此，我簡直欲哭無淚，只能一再告訴自己「只許成功，不許失敗」，然後憑著過去在台北的兩年經驗，一步一腳印地埋頭苦幹，咬緊牙關拚業績，一個月甚至只休息兩天。

參訪日本有機農場發展現況

04- 新竹社區大學教學成果展

想了想，只好努力「開源」。每天早上，整理好店務我就開始和麵做饅頭，加入有機豆漿揉成麵糰，控制在下午五點蒸出來，標榜限量有機饅頭，一天只賣4籠。蒸籠就擺在門外，時間一到香氣四溢，剛好趕上下班的人潮，漸漸做出口碑來。

其實我不是廚師出身，哪裡會做什麼有機饅頭，只能照食譜自己學著做。一開始水量和溫度還抓不準，經常有失敗之作，只好請自家人和員工吃掉，有時候更慘，必須整籠倒掉，有機食材不便宜，簡直丟得我內心淌血，眼淚差點都要流出來了。

最失格的奶爸

我開始接手新竹店時，大女兒襄襄才一歲多，家裡的經濟吃緊，沒有錢再請褓姆照顧襄襄，只好自己當起奶爸。我每天帶著女兒去上班，但是一進到店裡開始工作根本無暇看顧，只好把她鎖在二樓的辦公室裡。

說是辦公室，其實也兼做倉庫，四處堆滿了雜七雜八的貨物，我在裡頭鋪了床墊，放了一碟餅乾和一杯豆漿或鮮奶，讓她餓了有東西吃，另外還準備了小便桶，以及一台專屬的小電視。

那一兩年時間，襄襄幾乎都是在那個小房間裡度過。剛開始沒人陪，襄襄也會哭鬧害怕，做爸爸的只能狠下心來充耳不聞，後來時間久了，襄襄也就乖乖地自己玩，還會自己上大小號，完全不需要我擔心。

　　每到下午兩三點，店裡的忙碌告一段落，我就會到辦公室找襄襄，經常門一開，就看見她吃得到處是殘渣碎屑，玩具散落一地，電視也沒關，而小小人兒已經歪躺在床墊上睡著了。每每看到這一幕，我就難過得想掉淚，覺得自己很對不起孩子，但是沒辦法，爸爸就是得工作賺錢啊！

　　襄襄愈長愈大，到了三、四歲的時候，小房間漸漸關不住她，早上一到店門口時她就不肯進去，每次都要我挖空心思把她「騙」進去；進去辦公室之後沒久，她會開始大聲敲門。

　　新竹店一樓是有機門市和廚房，二樓則是有機餐廳，二樓用餐的客人一開始只覺得奇怪，辦公室怎麼不斷傳出敲門聲？有客人忍不住好奇把門一打開，居然還跑出一個小女孩。認識多年的熟客猜到是我的小孩，就把襄襄帶在旁邊，一邊用餐一邊餵襄襄吃東西，幫我帶起小孩來了。

襄襄個性大方，一開口就會叔叔、阿姨、姐姐地叫，還會跟客人聊天，從小就顯露出交際的天分。從那時候起，辦公室就再也關不住襄襄了，有一次襄襄在我不知情的狀況下，還小小鬧過「失蹤」呢！

那天下午兩點多，我照例去辦公室找女兒，卻發現襄襄不見了，全店上下找遍了也不見人影，急得我直跳腳，後來才看到一位熟客牽著襄襄走進店來，說：「什麼！孩子不見了你都不知道？我剛剛帶她去公園玩啦！」我這才鬆了一口氣。後來有幾個客人熟到會幫我「溜小孩」，隔三差五就帶襄襄到公園玩，真的很感謝他們對我的支持與照顧。

做出有品格的有機店

開店初期，每天的來客數不到二三十人，我成天想著怎麼增加來客數，經常嘗試不同的宣傳點子。印象最深刻的是：為了節省行銷成本，我用電腦設計了簡單的海報，寫著「憑截角可享下午茶一塊錢體驗價」，沒有錢夾報，只好一切自己來。

下午揉好麵糰，我就趁著一個多小時的空檔，揹著女兒到公園的停車場，一輛車一輛車地夾傳單；如果時

間和體力還夠，就連附近大小停車場也會跑過一遍，甚至開始在住家的信箱塞傳單。就這樣我們父女幾乎走遍了整個新竹市，現在一想起那個畫面，就不免鼻酸。

幾千張的宣傳單辛苦地發完，成績怎麼樣呢？沒想到居然只來了「一個」專門喝「一元下午茶」的客人！

我在震驚之餘，回頭反省這個策略到底哪裡出了問題？檢討之後我才深深體會到：有機食品不是便宜就能吸引客人，如果消費者不具備有機觀念，別說是一塊錢了，就算是免費，他都不一定捧場；相反地，願意來消費的客人，絕對不是為了一塊錢而來。

就像我還在總部時，一客有機精力餐賣 160 元，南部的店家甚至降到 99 元，還是乏人問津。我告訴加盟店主：「你就算賣 50 元也沒用，不懂的人不會吃就是不會吃！」而我 160 元的精力餐，從十二年前賣到現在堅持品質，認同的人還是能接受。

想要力挽狂瀾，唯有從觀念的扭轉開始，堅持自己的品質與格調，把產品做到最好，而非隨波逐流一昧降價，才能讓客戶真正認同有機的價值，願意掏出錢來。

因此，那時只要一有空，即使只面對一個客人，我也可以跟對方聊上一天。我沒有要對方買東西，只希望

客人能夠接受有機的觀念，苦口婆心地告訴對方：什麼是有機、為什麼要吃有機、有機如何對你好對環境好……，活像個出家人不停地唸經。

日子過得再苦，我都從未想過要放棄，面對顧客能講一個就是一個。有時候講上老半天，客人只意思意思買一包菜就走了，但只要有機會分享並且推廣有機觀念，再辛苦我都甘之如飴，慢慢地，很多老顧客就是這樣交心而來。

撥雲見日，業績扶搖直上

對於有機商品，我永遠抱持著「分享」的心態，因此我們逐步增加商品的品項，希望客人能夠享用更多有機商品，例如有機香皂、有機衛生棉、各式鍋具、能量飲水機、有機棉衣物等天然日用品，我們賣過上千種商品，再從其中慢慢找出適合的品項。

此外，我的店大概是全台灣書擺最多的有機店了，想要認識有機，有時不得不透過書上的知識傳遞，我把店裡這些健康相關的書當結緣品，只要客人有興趣，隨時都可以帶回去看，看完再拿來歸還就好。我把書當成我的業務員，一來可以廣結善緣，二來客人看了這些

書，知道自己身體哪裡不好、為什麼會出問題、需要補充什麼產品，就有機會回到我的店裡購買。

我一直認為有機觀念是一種「善知識」，宣揚善知識一定會有回報。兩年多下來，新竹店的營業額從一天兩千元、三千元、五千元……慢慢增加，而且每天都在進步，沒有一天退步，到最後終於步上軌道。

更讓我開心的是，接手新竹店之後，我也帶給了員工健康與啟發。曾經有一位工讀生，趁著升大學的暑假來我店裡打工，那是他第一次接觸到「有機」。那年的打工經驗，啟發了他對這個行業的興趣，使得他大學畢業後想報考有機農業相關的研究所，還回來找我商量過。現在幾位優秀的員工也都是那些年在學生時期來打工的孩子們。

這兩年，我每天早上八點從中壢開車到新竹，早上九點開店門，晚上九點打烊後，開車載媽媽和女兒回到家，都已經晚上十一點多了。我和太太很難得碰上一面，因為作息時間落差很大，除非特別安排才能相聚，因此整整兩年的時間，我們夫妻的生活幾乎沒有交集。

2004 年，店裡的業績一路攀升，店務愈來愈繁忙，我一方面不希望跟太太聚少離多，二方面我實在太忙，

需要人手幫忙，但花錢請人又不划算，只好請她辭掉補習班的工作，到店裡來幫我，順便帶小孩。

長期往返於中壢和新竹之間十分耗時費事，後來我們乾脆在新竹找房子，從此在新竹落地生根。而一切漸趨穩定之後，老天爺又給了我另一個機會，開啟了我另一段人生旅程。

現在回頭看這段歷程，曾經我對建築事業充滿熱誠，有極大的憧憬，但是面對自己的恐懼和人生未來的方向時，我毅然放下，決定轉換跑道從頭來過，這是老天賜予的禮物，一個改變自己的際遇，甚至是一生的珍貴的禮物。

有機事業確實是一個可以兼顧健康、家庭、生活、事業、經濟的行業，很少有工作可以兼顧這五大方面，這個新興的產業確實值我終身投入。我很慶幸自己即時抓住了良機，勇敢地跨出了那一步。

03 創立品牌「自然法則」

在失望中掛冠求去

回顧我前半生的重大事件：放棄家鄉選擇北上求學，放棄友情選擇愛情、放棄工程師工作選擇有機事業，放棄上班選擇創業……，每一次的選擇都是人生難得的機會，更是改變一個人的內在力量，也一再提醒我，面對抉擇必須當機立斷，不能再優柔寡斷，遇到任何機會都要竭盡所能地把握住，否則就會錯過良機，在舒適圈中停滯不前。

多年後，割捨奮戰十幾年的「無毒的家」，選擇創辦「自然法則」又是活生生一個例子。

2001 年襲台的納莉颱風，讓「無毒的家」總部及倉庫幾乎毀於一旦，所幸股東之一的生技公司及時增資相助，使「無毒的家」免於倒閉，但生技公司從此也就成了最大股東。

2009 年，王康裕先生正式交出經營權，退居為公司的教育總監，生技公司的經營團隊進駐總公司，接手公司的營運與管理。新的經營團隊對有機產業並不十分熟稔，有許多是很多加盟店主無法認同的，不滿的情緒開始慢慢累積。

2011 年 5 月，台灣爆發三十年來最嚴重的食品安全「塑化劑事件」，成了我離開「無毒的家」的導火線。塑化劑事件影響層面廣大，「無毒的家」有幾項產品也受到波及，但總公司對這個公關事件的危機處理不當，沒有任何的聲明發表或解釋說明來幫助全台灣受累的加盟店解危，面臨如此重大的危機，始終沉默以對，讓我對公司愈來愈失望。

在「無毒的家」奮鬥多年，王先生一直視我為左右手，我一路陪伴「無毒的家」成長，它就等於是我的生命、是我一手養大的孩子，我怎能讓自己的孩子蒙受委屈到這種地步？接手的新股東團隊不懂這些披荊斬棘的歷史和艱苦過程，而我又已從經營者變成加盟店主，對這一切完全使不上力，讓我非常無奈。

新的經營團隊是生技公司，並不是做有機起家，長久以來，讓加盟店主有一種「外行領導內行」的感覺，

最後的兩三年裡，我們一直都在觀察和妥協，眼看高階主管換了好幾任，卻始終做不出令人滿意的成績，加上塑化劑事件的打擊，我們對公司的信心搖搖欲墜。

當時新竹店已經開了十幾年，店內裝潢已經老舊，所以我也一直積極在尋找更恰當的新店面，就在 2012 年 3 月終於找到新落點。

我多年的夢想終於可以在這裡實現，一樓可以繼續經營有機商店，計畫中打算引進將國外有機商店的風格；二樓則用來經營有機創意餐廳，把這幾年電視上及個人著作中的健康菜色一一呈現出來。

但是，由於生技公司並沒有真正提供門市餐飲服務的系統，同時總公司現行計畫是統一制式化的複製發展，幾經溝通後，公司還是拒絕我的申請。

我並不是一個單純的加盟店主，這麼多年來陪伴「無毒的家」走過多少風雨，對她的感情深厚自然不在話下，如今究竟要割捨共同打拚多年的夥伴，還是擺脫限制展開新事業？自己最初為有機產業奮鬥的夢想是什麼？又該如何為有機產業及環境盡一份心力？

經過了一番掙扎，我最後還是回歸心底深處最初的心，內心許下了一個承諾：「我不想為難公司，也不想

「自然法則」賣菜擺放方式

「自然法則」賣菜擺放方式

為難自己，更不會為難『無毒的家』四個字。」然後低調地離開自己守護多年的「家」。

捲土重來，自創新品牌

自然法則營養學（Natural Rule 或稱 Natural Hygiene）是一種注重飲食養生的學派，強調人若要追求健康，就必須遵循四季運行的自然法則，講究一物全體、天人合一、身土不二、回歸自然，少加工，無添加的生活觀念。

我一直很喜歡「自然法則」這四個字，也常在我的演講中提到這個名詞。如今有機會自創品牌，「自然法則」當然就成了首選。

為了建造出理想中的有機店，我下了不少功夫。設計師畫了十幾次設計圖，光是樓梯轉角的一面牆就讓我們差點想破頭，最後決定以圖畫方式呈現。

我想營造出一種感覺：你可以悠閒地坐在一棵大樹下，舒舒服服地聊天、談心、吃飯，我無法給你一棵真正的樹，但我可以在都市叢林中，給你一個這樣的角落。於是我在餐廳入口處立了一棵 3D 人工樹，為了搭配這個景，我們特地挖了一座電梯，以透明玻璃圍起，

彩繪了一道七色彩虹，於是當你坐在樹下吃飯，偶爾會有彩虹上上下下，十分愜意。

而樓梯轉角的白牆，則畫出了我們心目中的一幅美景：一片綠地上長著一棵大樹，掛著一個鞦韆，溫暖的陽光下，有個小女孩開懷地盪著鞦韆，將立體樹的意象延伸到樓梯牆面，增加了全店裝潢的完整性。

2012 年，我在同行的驚訝聲中，卸下了「無毒的家」的招牌，掛上了我自己的品牌「自然法則」。6 月24 日，「自然法則」正式開幕，許多同行舊識，甚至「無毒的家」部分加盟店主都前來共襄盛舉。

新竹店的一切令他們感到不可思議，不僅裝潢布置讓他們耳目一新，更讓他們訝異的是，在這麼不景氣的時候，居然有人膽敢砸下重金投資有機店。

「自然法則」新竹店從此期許能成為有機界的標竿，很多同行的店主都會來這裡朝聖取經。我崇尚的是自然派的有機健康飲食，不帶任何政治或宗教色彩，「自然法則」的商品結合了美國的豐富多元、歐洲的小農文化、日本的精緻講究等特色，期望帶給消費者更多的選擇。

目前我的短期計畫是先以直營店為主，中長期計畫

才會考慮開放加盟，畢竟直營店才能真正堅持自己的理念。這幾年有不少舊識想要加盟「自然法則」，我都一一婉拒，我希望自己先站穩腳步，再去幫助其他夥伴；也有企業集團想邀請我加入他們的團隊，甚至有人出價要買下我的品牌，我都沒有點頭。

我知道企業集團必須為股東負責，不得不以利為先，但過度的商業化違背了有機產業的部分精髓，是我不能苟同的。因為有過慘痛的經驗，這一次我要自己掌控一切，即使將來展店，也希望是我們自己培育出來的專業人才，才能完全保有「自然法則」的理念。

消費者無法拒絕的「自然法則」

「自然法則」的經營理念是「有機・自然・環保・健康」，希望能推動大家共同參與健康生活三好運動：支持以「食用者好・生產者好・環境更好」所生產的農漁牧產品及環保用品。

「自然法則」每個月都會舉辦各種活動，讓消費者有更多機會接觸到健康觀念，我自己每個月都會開一堂專業課；受日本粗食派訓練的淑芬老師則每個月開兩堂健康烹飪課，搭配主廚授課；2013 年甚至還開辦了免

費的親子烘焙課，教小朋友認識食物和做有機餅乾；而行之有年的名人導遊系列活動「有機之旅」，帶大家深入台灣各個令人感動的角落，讓消費者認識我們的農夫及我們吃的食物，也持續在舉辦中。

或許有人覺得有機店店員把產品說得天花亂墜，讓你難以置信，但是當你親自到有機農場走一趟，看到有機蔬菜是怎麼種出來的，那個種菜的人就在你面前，親眼見他用什麼材料種出菜來的時候，你，還能不信嗎？

「自然法則」舉辦的有機之旅一直很受會員歡迎，大家一起搭遊覽車去參觀有機農場。我會在車上分享養生保健觀念、有機農場的理念、為什麼要支持有機農場等等，到了農場，讓農友從育苗、施肥等步驟開始介紹，實地走訪有機農田，讓消費者眼見為憑，也曾帶隊參觀過無毒豬肉農場、到味噌博物館參觀，親手做有機味噌，最後還有禮物可以帶回家，透過這些知性與感性兼具的教學參觀行程，帶領會員認識有機食材正確的培育過程。

目前「自然法則」有機之旅參觀的有機農場多半分布在桃、竹、苗三縣市，最遠到過彰化的明道大學，還蒙陳世雄校長親自接待。陳校長同時也是台灣有機產業

促進協會的理事長，非常積極促進有機農業的發展，他希望能將明道變成一所生態大學，校方的農業系開闢了一塊有機農田，試種了許多有機作物，該系也提供了許多補助給弱勢族群的學生，鼓勵年輕學子學種有機作物，而我們就是去參觀校園裡的有機農場，還摘了許多免費的有機作物回家，真是賓主盡歡，後來我們一年內就辦了好幾次的明道大學有機之旅。

走過自耕農年代，二十一世紀的農業又回到雇傭關係，有愈來愈多企業與農民簽訂契作，精耕特定農作，有志於農業的人，也藉此可跳過購地的高門檻，晉升農業新貴；而且有愈來愈多的農家重視健康和食品安全，希望能為環保盡一分心力，工作價值已成為農家從事有機生產的一大動力。

「自然法則」因而擁有許多合作的契作農場，其中有幾家農場還是「自動」送上門來的。

山秀休閒有機農場的主人廖啟渭已經七十多歲了，患有僵直性脊椎炎，他看了《57健康同學會》節目，吸收了許多有機飲食的健康觀念，開始上有機店買東西來吃，後來廖老先生甚至因緣際會地在北埔偏僻幽靜的山上買了三甲地。

買了地之後，廖老先生每天從平鎮家中開車到尖石的山上，開始自己栽種並食用有機蔬菜，調整飲食作息，僵直性脊椎炎竟不藥而癒。一開始種的蔬菜只是自己吃，或分送親朋好友，後來欲罷不能愈種愈多，只好想辦法賣掉。

廖老先生輾轉找到了我，我到了他的農場走過一圈之後，被那塊地的乾淨程度嚇了一大跳！他種出來的玉米都可以當場生吃，那天玉米田裡堆放著許多賣相不佳的棄置玉米，打算留在原地當堆肥，我隨手撿起一根，扒了皮、去了穗就吃將起來，完全不用煮過，滋味便已鮮甜可口，可見有多天然乾淨了。

位在新竹湖口的天惠自然生態農場也是一例。農場主人高英義先生先是從《健康兩點靈》節目認識了我，費了一番功夫找到我，而開啟了合作之始。後來我才知道許多電視節目都採訪過高先生的農場，如今高先生已被尊稱為「五星級的雞蛋達人」。

市面上一斤蛋35元，天惠農場一顆蛋就要賣30元，卻貴得很有價值。高先生利用微生物分解雞隻的排泄物，在天惠農場聞不到任何臭味，高先生還種有機作物給雞吃、用造價兩百萬多的機器製造出海洋深層水，高

先生甚至用酵素泡中藥材給雞喝，加強雞隻的抵抗力，雞隻每天吃二十幾種配方的飼料，吃得比人還要好！他們農場的雞蛋，蛋黃被筷子戳三十幾下都不會破，簡直聞所未聞。

秀山有機農場

第 **5** 篇

向國外取經

走南闖北真正要看的是國外開發的商
品，並且判斷其屬性適不適合國人？
會不會帶動流行？能不能成為話題？
在在考驗我們是否具有遠見和敏銳的
市場嗅覺，更關乎引進的商品能否在
台灣生根發展，源遠流長。

01 北美：看到 有機世界的寬廣

出國考察第一站：加拿大

　　我一直很慶幸自己從事有機產業，才得以周遊列國，從 2004 年到 2008 年間，是我密集出國考察的時期，每年至少出國二至五次，足跡踏遍了日本、美國、加拿大、義大利、法國、德國、瑞士、新加坡、馬來西亞等國家。

　　我從一開始的總經理特助到後來的加盟店主，一直是王先生不可或缺的左右手，海外的考察之旅自然也都隨行前往。跟著王先生走遍大江南北，也啟發了我對市場的敏感度。因為每次出國除了業務考察，還有一個重大任務——商品採購。

　　走南闖北真正要看的是國外開發的商品，並且判斷其屬性適不適合國人？會不會帶動流行？能不能成為話題？該不該引進台灣？在在考驗我們在商品開發上的專

業，是否具有遠見和敏銳的市場嗅覺，更關乎引進的商品能否在台灣生根發展，源遠流長。

拜周而復始的業務之行所賜，公司至少試過三千種以上的商品，創下了許多史無前例的紀錄：台灣第一瓶有機葡萄籽油、蕃茄汁、亞麻仁籽油、納豆激酶等商品，都是由「無毒的家」所引進。

2004 年，我生平首次出國，就跟著王先生到加拿大參觀有機農場，觀摩當地的有機店。

第一次看到國外的有機農場，簡直只能用「震撼」兩個字來形容！加拿大人地廣人稀，有機農田一望無際，放眼望去，完全看不到任何田埂。原來國外的有機農場規模如此宏大！

農家子弟出身的我，還是第一次看到休耕的農地。國外有機農場有個標準：每種完一輪，就必須休耕三年；瑞士與德國更為嚴苛，要休耕七年才能種下一輪。這對地狹人稠的台灣來說，根本是不可能的事。

對種植有機作物來說，加拿大可說是個得天獨厚的國家，因為天冷沒什麼蟲害，加上地廣人稀鮮少有人為的污染，因而農家一向採取自然農作法，種籽一撒就什麼都不管了，任作物野生野長，讓物競天擇淘汰掉不良

參訪加拿大有機聖場種子培育

參訪加拿大有機農場

品，長多少就採收多少，因而常見當地的有機農田雜草叢生，但因加拿大地大物博，即使一年只產一季，依然能有一定的產量。

像加拿大這種無人工照料的栽種法，完全符合自然運行，可謂有機的最高境界，因為能在如此惡劣環境之中生存下來的作物，自然充滿了不凡的活力與能量，吃了絕對有益健康。

參觀完有機農場，當地幾家知名的有機店自然也不容錯過，我見識到不同的產品結構和經營手法，對於店中自然淳樸的擺設更留下了深刻的印象，當時台灣的有機店比較像傳統的「柑仔店」，不若北美的整齊明亮有風格，所以後來我的新竹店，也注入了濃厚的歐美風。

台灣的有機食材普遍用塑膠袋包裝，上面還加工貼標籤，歐美國家深具環保觀念，不喜歡過度包裝，有機店的生鮮蔬果都是一把一把地堆在貨架上，不但環保，而且充滿生命力；顧客購買時能以手觸摸挑選，感受到食物的新鮮與否，完全沒有塑膠袋的隔閡。這樣的包裝方式，也是我一直在追求的自然法則之一，後來我在自己店裡賣蔬果，也採用無包裝成堆擺設的方式，形成異於其他有機店的自然風格。

規模驚人的加州有機食品展

2006 年，「無毒的家」在美國的第一家分店開幕。公司組團出國，一行二十幾人開拔到洛杉磯，參加美國店開幕儀式，順道參觀美國最大的食品展，展場就位在加州安納罕市迪士尼樂園附近，那是我第一次踏上美國國土。

真不愧是美國規模最大的食品展，展覽館本身就有好幾個足球場大，參展攤位將近五千個。其中，有機食品就有兩千多個攤位，光是專賣有機巧克力的攤位就有上百個之多，還出現了有機枸杞、有機紅棗的身影，可見西方人已經開始食用養生的中草藥，甚至嘗試將其有機化了。

展場擠滿了來自全球各地的超市、食品批發商、食品銷售商、連鎖店業主及從事食品研究領域的專業人員；精心布置的攤位、五花八門的美國有機天然食材及環保用品，簡直令人目不暇給，眼花撩亂。

我在這次展場上，第一次看到有機衛生棉、有機口紅及美容保養品、有機尿布、有機寵物飼料⋯⋯全是台灣當時聞所未聞的有機商品。我們足足逛了三天，還是無法跑完全場，只能挑重點攤位參觀。

一進到展場，滿室香氣立刻撲鼻而來。攤位上四處可見戴著白色高帽的主廚，忙著烹煮各式佳餚，每個攤位幾乎都是人潮洶湧，趨之若鶩的買家爭相試吃詢問，參展廠商無不卯足全勁宣傳促銷，希望自家的產品能飄洋過海，賣到全世界。

特別值得一提的是，我在這次展覽中，與世界油脂大師伍朵（Dr. Udo Erasmus）博士有了一面之緣。總公司引進伍朵博士的亞麻仁籽油（Udo Oil）已有多時，我們非常幸運就在 FLORA 的攤位上巧遇了伍朵博士。

伍朵博士是一位身材修長、滿頭白髮的優雅紳士，他神采奕奕地侃侃而談自己研究及製作油脂的理念，大家相談甚歡。伍朵博士十分和藹，卻也充滿了 power，只要與他親近，就能感受到他源源不絕的內在能量。

當時我只是很開心能見到這位仰慕已久的長者，完全沒想到有朝一日能與這位世界知名人士同台演出。

此後 2006、2007 連續兩年，我受美國「無毒的家」之邀，到洛杉磯各分店及社區授課，分享我在德國學習的葛森自然療法和布魯士蔬菜汁斷食排毒法，還引起當地廣播和報紙的注意，美國最大的中文報紙《世界日報》（World Journal）就曾報導過我的演講實況，這是

我第一次登上外國的媒體。

　　舉凡講究飲食的國家，人民相對也比較健康長壽，像義大利近年來開始推廣「慢食」就是一例。所謂的「慢食」不僅要求外在吃的速度要放慢，內在吃的心態也要調整，認真面對傳統食物的價值與意義，這才是真正的健康長壽之道。

　　在西方國家中，法國人算是身材比較苗條的人種，因為他們吃東西很講究，菜色很精緻，而且美食都是一

與 Udo 博士合影

吃最少
脂肪、油及糖類

吃適量
奶酸乳品及芝士類
（每日1 - 2杯）

瘦肉、家禽類、魚類、
豆類及蛋類
（每天3 - 7兩）

吃多些
蔬菜及瓜類
（每日最少6 - 8兩）

水果類
（每天2 - 3個）

吃最多

穀類、麵包、
飯、粉麵
（每日3 - 6碗）

飲食指南金字塔

道一道慢慢上，加上常喝葡萄酒、葡萄醋和橄欖油，心
血管疾病發生率較低。日本人也是亞洲國家中比較瘦的
民族，他們一頓飯的碗盤特多，每盤都是一點點，讓你
不得不慢慢吃。然而美國卻是個速食文化的國家，不太
要求菜色與飲食速度，造就了國民的高肥胖率。

　　我曾經在某部紀錄片裡看到一幕：一名美國窮人，
左手拿著糖尿病的藥，右手拿著漢堡。他很清楚吃完漢
堡一定要吃糖尿病的藥，明知糖尿病患者要多吃蔬菜水
果，不能吃太多精緻澱粉、高油脂食物，但漢堡要比蔬
菜水果便宜多了，他別無選擇，只能吃漢堡。

在速食當道的美國，愈窮的人愈胖，在美國，蔬菜比漢堡貴，根本不是窮人吃得起的食物。有錢人因為較具健康概念，且有較多的健康資訊來源、有經濟能力選擇健康的食材及烹調方式，同時也比較有時間運動，身形自然就偏瘦。

有機食物確實比一般食物要貴，總體來說，美國的有機食物遠比台灣便宜，大部分美國人民也都負擔得起，但因為有更便宜的一般食物可吃，有機食物自然不會是首選，這就是觀念的問題了，因為對有機食物的認知不足，甚至根本不認識有機食物，如果從不知道有機農作物是怎麼種的、怎麼來的，又如何能體認它的價值？這些都需要政府與國民共同努力來改善。

健康飲食新指標：我的健康餐盤

美國農業部（USDA）在 1992 年頒布了「飲食指南金字塔」，是由哈佛大學的博士及專家共同研究而得出來，希望藉此指導美國人科學健康的飲食，成為營養學的指導原則。

如今二十多年過去了，美國人的腰圍比以前更粗，成年人體重超標，糖尿病、高血壓、心臟病的發病率也

不斷上升，許多人開始對「飲食指南金字塔」的權威性提出了質疑。我也曾經做過調查，很少人會遵循這種飲食原則，也沒聽過哪個媽媽會依照金字塔比例作飯，大概只有營養師考試時會出這個考題，但營養師會這麼吃嗎？恐怕也不見得。

2011 年 6 月 2 日，美國農業部部長湯姆·維爾薩克（Tom Vilsack）公開發表「我的健康餐盤」（My Plate），他將一個盤子區分成四個色塊：紅色代表水果、綠色代表蔬菜、橘色是全穀類而紫色代表蛋白質；盤子外的藍色區塊則是乳製品。

這個組合取代了在美國已使用近 20 年的飲食金字塔，成為新的美國飲食指南。美國第一夫人蜜雪兒·歐巴馬（Michelle Obama）更是對此讚譽有加，大力支持。

為了更適合國人使用，我把「我的健康餐盤」修改了一下，歸納出一個「四三二一法則」：將一餐飯劃四等份，其中有三份植物性食物、兩種蔬菜、兩種水果、一份動物性食物。只要每餐都按照這個比例吃，就算是吃漢堡、吃碗麵，也可以這麼分配就會健康，就能變瘦，不管你有錢沒錢都做得到。

例如一碗陽春麵沒有肉和蔬菜，那就多叫兩片肉、

我的健康餐盤

一盤燙青菜，回家再吃點水果也行。任何健康原則都必須簡單易懂生活化，才能真正落實，只是「空談」，無法幫助你找回健康。

如果我不曾出國學習及分享，那麼我可能只是一個單純的有機店業者，對有機的認定會變得有限，然而到海外走一遭之後，認識了更廣義的有機，而突破了以往國人所認為「有機就是吃素」的狹隘觀念。

舉例來說，早期台灣根本沒聽過什麼甜菜根、葡萄籽素、兒茶素、月見草油等，都是最近幾年才從國外引進；台灣才剛開始推廣亞麻仁籽油，國外已經賣起了鼠

尾草籽油、紫蘇油、大麻油，沒錯！就是被列為毒品的大麻，因為大麻油所含的 Omaga-3 與亞麻仁籽油不相上下。

台灣風行多年的抗氧化劑輔酶 Q10 也是一例，一開始政府不懂什麼是 Q10，不敢冒然開放近口，因而被當成藥品，必須由醫師開處方籤才拿得到。但其實 Q10 是細胞粒腺體裡的一種酵素，存在於心臟、肺臟、肝臟、腎臟、脾臟、胰臟和腎上腺等器官中，其中又以心臟的含量最多，Q10 可以產生能量，對加強心臟功能有顯著效果。台灣直到 2005 年 10 月才正式規定：含量在 30 毫克以下的商品為保健品，30 毫克以上則為藥品，只有醫生才能開藥，但是在美國超市隨便都能買到 Q10 含量 200 毫克的商品。

在國外的食品展上，甚至可見替有機店做商場規劃和設備販售的專業公司，例如裝各種豆子的密封容器，甚至還可以防潮控溫。出了國門，才知世界之大、資源之豐，而這些琳瑯滿目的商品，後來都陸續進了「無毒的家」，也一步步進入了台灣人的觀念與生活之中。

日本：參見大師，
向自然尋根

走在亞洲有機產業前端的日本

王先生掌舵時期，「無毒的家」一向秉持這樣的政策：凡是公司要賣的商品，就必須親眼見到生長或製作的情形，走一遍原料生長的環境。唯有自己吃過用過、親身見到產品的製程，並了解其原理，在推廣產品時，店家才會有說服力。於是，「無毒的家」的海外體驗之行，也開啟了台灣的見證式行銷。

因此，王先生經常帶著旗下的加盟店主到日本進行研習之旅，一方面招待他們遊覽日本風光，一方面也帶他們了解日本的有機食品如何製作、日本的有機商店又是如何運作等等。

承襲了王先生對有機商品追根究柢的精神，後來我創立「自然法則」之後，也常會做商品的尋根之旅。我推廣的芽菜來自於獅潭百壽村，我就去獅潭百壽農場看

個仔細；地瓜來自於北埔，我就跑去北埔參觀農場，桃園、新竹、苗栗、中部一帶的有機農場，我幾乎全都考察過，我賣的食材出自哪一位農民之手，我都一清二楚。即使商品是來自國外，我也會不遠千里跑到產地去，確定這些產品的出身毫無瑕疵，一切務求眼見為憑。

當年公司引進不少日本的有機產品，其中以納豆、酵素、醬油、健康醋為大宗，早期也有米蕈或香菇萃取物，都是抗癌、增加免疫力的機能性商品，日本自然成了我們的必訪之地。

這次業務考察之外，讓我這個學土木工程的人最記得的印象，反倒是日本的馬路非常平坦整齊，沒有任何坑坑洞洞，而且柏油舖得很用心，跟路旁的排水溝切得非常整齊、膠合得非常完美，沒有高低不平、也沒有破碎裂痕，讓我十分佩服日本人認真的做事態度，一個國家進不進步，從這種小地方就觀察得出來。

此外，日本鄉下看不到破舊的景象，所有日式建築不論大小，一律整齊乾淨，顯見日本的貧富差距不大，這也是日本有機普及率高的原因之一。

日本是亞洲最早經營有機市場的國家，也是最徹底落實食品安全衛生的先進之國，而有機的嚴格認定、食

品安全分級、食品產銷履歷也是日本獨有的創舉，你甚至可以在農產品包裝上看見種植農夫的照片，追溯每種農產品的源頭與製作歷程，如此實事求是的精神，著實令人佩服！台灣行之有年的 MOA 自然農法及有機認證，全都來自於日本。

日本因地處溫帶，農田不易有蟲害，也不像台灣農田容易雜草叢生，舉目望去，幾乎是光溜溜的一片。不過因為氣候的關係，一年只有一收，因此日本對單位產能可說是斤斤計較，完全是計劃性生產，一分地要有多少收成都歷歷可數，耕種期間施肥除草、種植生物制劑等，利用不同的繁複工法，增加作物產量，否則產量不足，農家也無以生存。

日本有機農場還有一個特色：田間紀錄做得非常仔細翔實，舉凡每日氣候溫度、施放的肥料種類及用量、植物的生長情形都一清二楚，其講求科學化、執行度之高，完全是其他國家所不能及的。

眼見為憑，參觀日本有機產品工廠

2004 年，我第一次到日本做業務考察，參觀大坂市森下仁丹株式會社的益生菌工廠。森下仁丹創立於

參日本自然農法有機蔬菜農場

參訪日本三物科學研究所酵素發展現狀

1983 年，是日本最好的 CGMP 藥廠之一，曾經連續 66 年獲得日本成藥銷售第一名，以及連續 97 年時間無事故獎，其知名產品「銀粒仁丹」，在我的爺爺、奶奶那一輩更是家喻戶曉的產品。

我們此行一窺森下仁丹世界專利的無縫膠錠技術，了解他們如何製造出完全沒有接縫，外型接近真正球形的晶球，讓晶球完整包覆有益菌，使之不受到胃酸破壞，直接進入腸道作用，讓營養得以完全吸收不流失。

森下仁丹株式會社的工廠外觀方方正正，廠外花木修剪得整齊俐落，廠內更是潔淨無比，所有流程井然有序，如同日本人一板一眼的工作態度。

由於益生菌的製程與設備需嚴加密封，廠方無法讓外人進入製程區，因而另外設計了參觀動線，沿路牆上貼著流程圖與相關照片，由專人帶著我們沿動線參觀，一邊引導解說，我們則透過玻璃牆了解所有設備與製程，大為日本人的高科技所敬服。

酵素一直是日本特有的傳統食品，也是他們豐富貴重的健康資產。市售的濃熟奈米酵素，是由五種優質微生物孕育而成的小分子酵素液，有其獨到的生物技術，是台灣當時所未見的，很值得我們探訪了解。於是

2004年，我們再度組團赴日參觀奈米酵素的研發單位──位在大坂市的日本生物科學研究所股份有限公司。

該公司成立於1974年，長年致力於各種酵素的研發，我們此行乃為了解酵素的生產過程及技術。酵素工廠雖地處偏鄉，廠內的設備卻是高科技的菁華，我們必須穿上整套的防護衣，才得以進入廠區。

日本生物科學研究所先是讓五種共生菌浸泡在天然植物的萃取液中，長期熟成發酵，將植物中所含有的養分小分子奈米化，讓人體能夠完全吸收，產生極佳的相乘效果。廠方從原料的控管到最後進入發酵糟，整個製程令人嘆為觀止，尤其以冷熱交換發酵糟最為獨到。

不同溫度下產生的酵素，對人體有不同的益處，發酵糟以高、低溫度反覆刺激微生物，微生物在生死臨界點時，會分泌最多的求生抗體，也就成了我們要萃取的酵素。

同一微生物在不同溫度下，就可產生不同的酵素了，日本酵素工廠培養了來自蔬菜、水果、海藻、酵母、中草藥等微生物，並以各種不同比例的配方，綜合發酵出不同的酵素，至今仍持續在開發中。

參觀瑞士有機農場

參訪瑞士百年有機農莊育苗情形

粗食派 vs. 精緻包裝

日本的有機產業從生產、包裝到擺設都極其講究，因此，除了生產工廠和食品展之外，我們的日本修業之旅最常參觀的就是當地有機連鎖店，觀察各個有機體系的經營型態，並感受著名的粗食派有機食物。

日本有機店有別於台灣的是：手工自製品特別多。日本的醃漬物一向有名，台灣這類商品多半做成一包一包或一罐一罐擺在貨架上，看起來沒什麼感情。但在日本就不同了，黑豆、蘿蔔、大黃瓜切絲涼拌等生鮮製品，以及納豆、自製味噌等發酵物，都是一缸缸地整齊排列，還可以秤斤論兩地賣。

此外，由於日本人非常支持本土有機產品，有機商店很少見到歐美進口的商品，架上貨品幾乎清一色都是日本國內自製。

日本的禮品包裝也是一大特色，日本人對禮品包裝的重視，是台灣人無法想像的，每個環節都下了很大功夫，處處充滿巧思。有機商品的包裝也不例外，不同造型的紙盒包裝，配色得宜又精緻小巧，美得令人感動，深覺物超所值，好看得教人捨不得拆開，即使禮品吃完了，也會留下禮盒做紀念。

部分有機店還提供小型自助餐，客人可以自由選擇菜色，組合成一份定食，或包成御便當外帶。

　　我在日本忍不住掏錢買了一臺碾米機，因為這臺機器除了碾米之外，碾下的米糠還可以做料理。例如可磨成粉末，加入牛奶或豆漿，或加入有機麵粉中，做成饅頭或麵包，因為除了澱粉之外，米的所有營養包括維他命、礦物質、油脂都在米糠和米麩上，不吃可惜。可喜的是，近年來市面上出現米糠粉、玄米油，讓我們可以吃到米的完整營養。

　　日本有機產業因為起步得早，有機普及率也居亞洲之冠，然而現在已經步入成熟飽和期，單打獨鬥的個體戶有機店愈來愈難以維生，有機產品逐漸進入大型超市和量販店，甚至闢有專區陳列；或者由企業集團出資，建立起龐大的連鎖加盟體系，並結合粗食派有機餐飲，發展得十分迅速，動輒都有上百家的連鎖店。

　　自然粗食也是日本飲食的一大特色，長年來在日本有機界佔有重要的一席之地。

　　自然粗食派主張兩大原則：一是「一物全體」，意即獲取全部具有生命力的食物，必須是完整、原味、無化學添加物、加工層次少以及有能量的自然食物，例如

米就要使用糙米，蔬果則儘量要帶皮。二是「身土不二」，意指不違背自然，攝取原產地種植的當季食物最能有益身體健康。

依此兩大原則，調和具有陰陽性穀物菜食的料理方法，即為自然粗食。此派同時強調萬物分陰陽，陰陽需要調和，凡事追求中庸而不極端，鼓勵人要追隨自然，隨春夏秋冬及日夜等的自然脈動而作息。

自然粗食的倡導人是日本自然派哲學家櫻澤如一，1983 年出生於日本京都，長年為肺、腸結核等疾病所苦，後來依照石塚左玄大師提倡的飲食養生才恢復了健康，因而進入自然粗食派的代表「養食會」。1924 年成為會長，之後以巴黎為據點，開始向全世界宣揚自然粗食，形成全球一股健康風潮，許多歐美知名人士如瑪丹娜都是粗食派的擁護者。

石原斷食道場走一遭

「斷食」是自然療法中最安全有效的排毒方法，它不是要你絕食或挨餓，而是一種飲食計畫，利用自體分解的原理，排出甚至消耗掉體內的過剩物質及毒素進而提昇免疫力。

斷食可以阻斷污染的來源，而且是對身體全面性的整頓，最終讓細胞在好的環境下再生，以重建組織和器官機能。

　　1985 年，石原醫生在日本伊豆開設了斷食道場，融合了中西自然療法，除了西方的精力湯之外，也提供日本番茶、紅茶、黑糖等，以做冷熱的平衡。他的斷食法跟西方不太一樣，西方斷食法強調科學上的論述，石原醫師則以東方醫學為主軸，輔以少量的自然粗食。

　　2007 年 2 月，我們一行十幾個人，來到石原醫師位於伊豆縣伊東地區的「石原斷食道場」，進行了為期三天的半斷食療法體驗。伊東是個著名的溫泉鄉，有濃濃的小鎮風情，往道場的一路上，有時看到層峰疊翠，有時見到綠草如茵，還有迎風起落的稻浪，深吸一口清新的空氣，心情不自覺地好了起來。

　　斷食道場是一幢古樸自然的日式建築，從上到下全是木頭建造，搭配以天然石頭、木樑、茅草和樹蔭設計的露天溫泉，與台灣早期的北投區有點相像。此外還有沙浴室、紅外線照射艙。室內還從天花板吊下了一鍋熱呼呼的蔬菜湯，鍋子底下燒的是火紅的木炭，步入屋內，彷彿走進了日本古裝片拍攝現場。

德國布魯士自然療法學院

與日本新谷弘實醫師相見歡

到了溫泉鄉，自然要泡溫泉，體驗日本人大力提倡的「溫熱療法」。一般而言，人體溫度約界於 36.5 到 37°C 之間，體溫每升高 1°C，免疫力會提高 35%，新陳代謝比率會增加 13%，臨床甚至發現體溫在 35°C 以下時，癌細胞最容易增生，若體溫上升到 39.3°C 以上時，癌細胞就會死亡，所以有些癌症也會使用溫熱療法來治療。

　　因此，這個「讓身體熱起來」的觀念一直深植日本人心中，泡溫泉、泡沙浴、泡足浴……已成為日本人的生活習慣，這也是日本成為長壽民族的原因之一。我自己因為長年食用有機飲食，身體屬性比較涼，便常使用遠紅外線烤箱，以提高自己的體溫。

　　來到斷食道場後，我們個個把握機會大泡溫泉，吃得好泡得好，通體舒暢。當然，也不能錯過沙浴，體驗一下被全身被埋進熱沙的感受，也進過紅外線艙烤曬了一番，甚至還抽空參觀了道場有機黃豆的生產過程，度過了充實緊湊的三天。

　　我們參加石原斷食道場的療程，並不是為了治療什麼特定的疾病，而是帶著度假的心情，印證自己多年所學，同時體驗慢活的樂趣，享受無負擔的有機料理，連

帶也調養了身體，加上四周自然景觀的洗禮，感覺好像
參加了一趟生態之旅。

這種專業療法和當地文化的體驗，對我後來經營有
機事業和演講授課，有很實際的幫助。

與新谷弘實的近距離接觸

早年台灣的日本健康相關書籍出得不多，每回出差
到日本，我都不忘瀏覽日本健康類書籍排行榜前十名的
書，帶回最新、最暢銷的健康書籍，不外乎是久司道夫、
石原結實、新谷弘實、濟陽高穗等大師的書，回國後請
人翻成中文，研究大師們最新的觀念、理論和食譜。

這些書對我後來學做菜有很大的幫助，我的食譜也
因此較具日式風格，許多鍋碗瓢盆都是我親自從日本帶
回來的。

久司道夫博士是日本天皇的御醫，也是長壽飲食法
的食療大師，今年已經快滿百歲，至今仍有許多名人是
這個派系的追隨者。新谷弘實醫師則是美國首屈一指的
胃腸內視鏡外科醫師，也是大腸內視鏡的發明人，他在
1968 年開發了「新谷式」大腸內視鏡插入法，是未進
行開腹手術，即成功切除病患大腸內息肉的全球首例，

對醫學界貢獻卓越。

　　另外日本知名的鶴見隆史醫師，也是我很景仰的一位大師，他出身於醫生世家，從小就立志學醫，除了西醫之外，他還學過中醫和針灸、氣功、肌肉診斷法、營養學、食物養生法等等，他融合了中西方醫學的優點，採用一種結合酵素營養學、斷食等獨特的替代療法，治癒了許多患有疑難雜症的病人，包括癌症病患。

　　鶴見醫師是酵素醫療的先驅，曾開發出一系列酵素產品，我們因為分享共同的理念，因而有幸到日本拜訪鶴見醫師，2012 年，我還為鶴見醫師在台灣出版的新書寫了推薦序。2008 年，更組團參加新谷弘實醫師的健康研習營，2010 年總公司重金禮聘新谷醫師到台灣來演講，這也是新谷醫師首度來台，分享他不生病的養生之道及如何應用咖啡淨化療法，幫助許多病患脫離疾病之苦。

　　另外在 2006 年，我和王康裕先生加入了日本時間差療法協會，協會定期提供會員研究結果，我們也互相做經驗的交流，共同學習食物或藥物最佳的使用時間。

　　所謂的時間差療法指的是：因應身體不同時段的機能，食用不同功能的食品或藥物，就能讓身體在吸收之

後，產生更有效的反應，達到最佳的療效。例如，什麼藥物要空腹吃、什麼藥物要飯後吃，藥效最好？同樣一杯精力湯，飯前喝還是飯後喝好？這些都跟時間差有很大的關係。

人體在白天的免疫力較高，夜晚免疫力也跟著休息，癌細胞的活動時間正好相反，抓準了免疫力下降的夜晚開始肆虐，因此用藥或其他治療方法若順應時間差的邏輯，就能坐收更佳的療效。

時間差療法分有食物與藥物兩種研究，目前多應用在疾病的治療上，幾乎是醫藥學的必修科目，但經營有機產業的我們，則側重食物食用時間對人的影響，將研究結果以淺顯易懂的說明分享給消費者，這些都是來自於日本珍貴的學習經驗。

透過每年的日本之行，我們看到這個經濟發達、醫藥進步的國家，因為生活水準的提高，特別注重農產品與食品衛生安全，也看到政府的努力，極盡所能要使有機農場成為一個完整的有機體或生態系，這個認真的民族不僅是台灣可敬的對手，更是台灣有機產業效法與學習的對象。

03 歐洲：自然就是醫院，有機即是生活

與日常生活結合的有機專賣店

歐洲首屈一指的有機國家當屬瑞士，40% 的食物都是有機食物，人民的有機飲食素養極高。

在台灣到便利商品買東西，一百種商品裡，可能只有幾件有機食物，想買有機食物，只能到有機食物專賣店買。但是在瑞士和奧地利，超市裡十件東西有四件是有機的，有機專賣店甚至還賣花草盆栽各式各樣生活用品，致力與日常生活結合。

想要了解一個國家，看的不是城市而是鄉村，鄉村若是破舊不堪，這個國家必然有貧富懸殊的問題，城鄉差距幾乎就代表了一個國家的落後指標。像是瑞士的鄉村井然有序，沒有被破壞或污染，連動物都過得很自在，山巒疊翠奇峰盡染，就連雜草也乾淨得出奇。

在瑞士，幾乎任何一個角落都充滿自然有機的氛

圍，時常可見許多頭髮花白的老人家坐在戶外賞景，不愧是老人的天堂。走在街道上，看到的多是木造房屋，因為木頭不僅會呼吸，還能避免電磁波的傷害。

瑞士的治安極其良好，我記得曾經看過一家小雜貨店，到了晚上只是稍微鎖了玻璃門，玻璃門旁有個及腰的吧台，吧台上方毫無防護，隨便什麼人只要翻過吧台，就可以輕易入內，任意取走任何商品，但卻沒有人這麼做，所謂的「夜不閉戶」，大概就是這樣吧！

參觀瑞士國寶級有機農場

2004年，我首度來到傳說中最接近天堂的國家瑞士，為的是參觀總公司引進台灣的百奧維他（Biotta）有機果汁農場。

歐洲的有機農業講求自然法則的運行，認為作物必須順應節氣時令，不是當季的作物，就不會硬要催生。瑞士有機農場堅持「讓大地休養生息」的理念，為了讓大地擁有休養喘息的空間，他們採取「十年循環」休耕輪種，戶外的土地，每栽種七年就休耕三年；網室栽種的部分，以輪作的方式種植；而土地定期則以蒸氣殺菌，這是歐洲有機農場的獨到之處，既環保又安全。

在有機作物收成之後，農場還會將土壤蓋上帆布，接入蒸氣管，用高溫蒸氣幫土壤消毒殺菌，絕對不會造成土壤污染或傷害。這套殺菌法需要專業設備，而且所費不貲，「不惜砸下大錢做到最好」便是歐洲人對有機作物的認真與執著。就連載運蔬果的貨車都必須經過有機認證，確定保鮮貨車安全無毒，以防蔬果在運送過程中受到污染，台灣在這個細節上就沒有多加著墨了。

　　德國及瑞士是全世界採取最嚴格的有機栽種與製造標準的認證國之一，為了達到全有機與環保的標準，農場在栽種、採收過程中，所有植物及殘渣都必須完全被利用，不能有絲毫的浪費，契作農場每天固定會搜集有機蔬果渣回去做堆肥。每次收成後留下的枝幹莖葉根，會全部鏟平，在陽光下曬一個星期，再絞成小碎段放在網室做堆肥，製作時間長達兩年。

　　業務考察之餘，我經常把握機會了解當地的人文風情和飲食文化。有一次，廠方請我們到附近小鎮的餐廳吃飯。餐廳就位於萊茵河畔，我們一邊用餐一邊欣賞河景，河水清澈見底，鱒魚在河裡游來游去，河面上天鵝漫遊嬉戲，還有許多老夫老妻坐愛之船遊萊茵河，非常浪漫。

BIOTTA 農場流程

BIOTTA 農場流程

極目遠望，河道蜿蜒，碧綠的花草樹木有序地排列在兩岸，還有如畫的歐式宅邸立於青山綠水間，坐在風光明媚的萊茵河畔吃飯，真是人間一大享受！

美麗的景致令人心生浪漫，但在我的眼裡，面對此情此景不免徒生感慨：幾時看過台灣餐廳開在河邊？

根據統計，台灣癌症人口最多的城鎮都分布在沿海地區，若從北到南將這些城市相連，就是台十七線的濱海公路，幾乎個個都位在出海口。因為農地噴了農藥，農藥流進河裡，再集中到出海口，因而沿海地區普遍罹癌率最高。

雖然瑞士擁有得天獨厚的自然環境，卻不是人民最長壽的國家，他們鄰近德國，跟德國人一樣，以肉食為主，火腿、起司是最常見的主食，經常把不同口味的各式火腿切成一片一片的，放成一大盤。我們每餐吃的都是一大盤火腿、一大盤起司和切片麵包，桌上幾乎完全看不到蔬菜，瑞士人雖然住在天堂，卻不是吃在天堂，要健康長命百歲也就不容易了。

瑞士的生藥汁藥局也很特別，有點像早期的中草藥店，店內擺滿真空透明桶裝的銀杏汁、茴香汁、朝鮮薊汁、接骨木汁等各味生藥汁，透明桶下方有個出水口。

客人要買藥就自行帶個空罐，向藥師說明病症，藥師針對不同症狀，從藥桶裡取出不同種類的藥汁，調配成不同比例的綜合藥汁賣給客人，還會囑咐客人飯前、飯後或睡前該喝多少劑量的藥汁，十分有趣。

波隆那食品博覽會上大開眼界

參觀完瑞士的有機果汁工廠後，第二天我們趕赴義大利，參觀南歐最大的食品展。

波隆那的經濟成長速度是義大利第一，每年在此舉辦的食品博覽會，一直是南歐極具代表性的食品展，總共有 24 個館，佔地萬坪以上，我們一行人在會場走了三天，還是逛不完。

會場上的廠商和人潮以歐洲為主，歐洲的食品展不同於美國，美國的食品展側重於食品和生活用品的有機化，商業氣息較為濃重；歐洲因為歷史悠久，比較有藝術氣息，食品展往往是創意與文化的展現，一路參觀過去，彷彿經歷了一場藝術饗宴。

許多會場布置得像園藝展，裡頭放的全是真樹真花，賣蘆薈相關產品，就把整株整株的活蘆薈搬進會場；賣食材就擺上整套廚具，當場做起美味佳餚來；賣花草

茶，還搭建出一座偌大的皇宮，裡頭種滿五彩繽紛的天然植物；賣穀物，牆上高掛著白米和黑糯米擺出太極圖案；賣有機麵粉，就把磨麵機給請出來，當場現磨現賣，甚至也單賣磨穀機，而且整台都是木頭做的，還分有手動和電動兩款，原來國外不像台灣有那麼多外食，他們習慣自己動手做東西吃，歐洲人做麵包糕點，用的麵粉都是自己現磨的，連燕麥片也是自己壓的，市面上並沒有販售壓好的燕麥片。

歐洲人重視產品帶給人的「感受」，連布置的素材都十分講究，挑選原木等接近自然的材料，注重顏色搭配的協調性，彷彿是一場你爭我奪的創意競賽，不像台灣的展場攤位，呆板而缺少變化。

他們致力營造出一種與產品契合的意象，希望到此逛展的買家和民眾，可以藉由生活化的陳列方式認識自家的產品，而嗅不到一絲商業氣息。相較於美國人的精打細算，歐洲人做生意的方式也比較隨興，「奇檬子Feeling 好不好」最重要，感覺對了什麼都好說，價錢當然也就好談。

前所未見的自然療法

自然醫學其實也是一種預防醫學，而自然療法包羅萬象，除了有機飲食，還有斷食、整脊、按摩、氣功、針灸、瑜珈、冥想、淨化、順勢療法、蔬果汁療法、光療法、聲音療法、顏色療法等，自然療法講求身心靈平衡，往往會觸及環保議題或身心靈課程，因此展場上也常見相關產品的廠商參展。

最讓我眼界大開的則是黃金金字塔療法，傳說埃及的金字塔內部會產生一種無形的特殊能量，稱之為「金字塔能量」，這種特殊能量可使塔內的食物不易腐爛、刀片保持鋒利、鮮花能常開不謝。以此類推，人如果睡在金字塔裡，應該也可以接收金字塔能量，治癒身體疾病，並讓青春永駐，甚至延年益壽。

於是有廠商將黃金鑄成管子，再根據埃及金字塔的原理，搭出結構角度相同的金字塔，大小猶如一個帳篷，中間再吊上一個水晶，將能量聚集在最中間，躺在金字塔裡的人便可接收聚集的能量。

食品博覽會收獲豐富

波隆那食品博覽會也展現了歐洲有機農業的發展狀況，從產品的嚴謹度和成熟度可窺見有機產業的未來趨勢，他們行銷手法的創新、包裝材料的環保訴求，都成為整個有機產業追隨的對象，無論是外型、用色、材質都讓人覺得很舒服。

當時我們從義大利帶回來很多歐洲的包裝樣本，提供國內合作的廠商參考。例如，當時國內生產的植物奶、燕麥奶，原包裝都比較呆板無變化，外盒上只有文字的簡單編排。但歐洲商品強調整體設計，穀粉包裝外盒以麥田、麥穗的照片或圖片為主軸，輔以山巒天空等大自然元素，整個設計活潑生動，充滿意象。我們請廠商參考歐洲商品的包裝樣本，再做適度修正，希望讓國內產品也能透過創意包裝與消費者對話。

後來台灣有機商品在設計的風格和包材上的改革，也受到環保歐風的影響，開始有意識地化繁為簡，去除過度包裝，要求環保可回收的材質。

走過這趟食品博覽會，總公司也引進了許多配合自然療法的蔬果汁，例如歐洲有機飲食界的超級明星甜菜

根，在歐洲民間和藥草料理師的心目中，地位猶如中國的人蔘。

甜菜根是溫帶植物，早年台灣並不出產甜菜根，最早就是由「無毒的家」將此產品概念帶到台灣來的，加上大力推廣「多食根莖類植物有益健康」的觀念，甜菜根才逐漸普及化，如今台灣也開始種植甜菜根了。

還有歐洲非常普遍的保肝蔬菜朝鮮薊，不僅可以做為家常料理，也被做成蔬菜汁，當成養肝的保健配方。此外，預防膀胱炎和尿道感染的蔓越莓汁、對付發燒或感冒的最佳藥草療方接骨木，以及歐洲的各種生草藥汁，也都因而陸續引進到台灣。

食品博覽會之後，我們又參觀了歐洲知名的 Morga果乾及機能果汁工廠，這間工廠生產歐洲獨有的生藥汁，用新鮮的有機蔬果直接榨汁，其中以朝鮮薊汁、接骨木汁最有名。

工廠的製程與管理頗為嚴謹，乾淨度令人難以想像，一個食品廠比科技廠還乾淨衛生，我們再度穿上厚重的防護衣，整個人從頭包到腳，活像進了新竹科學園區的晶圓廠一樣，所有產品均是全自動生產，加上無塵式作業，幾乎成了電腦化的無人工廠。

這些歐洲人是怎麼吃的？

走過歐洲這幾個國家，我忍不住比較起各國的飲食文化，仔細觀察了當地人怎麼吃？吃些什麼？對健康有何影響？我發現，位於歐洲中部的瑞士，因與四國交界，飲食文化較為多元，有義大利菜、法國菜、德國菜等等。而德國人酷愛吃火腿、熱狗、香腸等肉食，餐桌上，永遠擺著一個比臉大兩倍的盤子，一半放火腿，一半放起司。

歐洲北部因為緯度較高，氣候寒冷，為了禦寒多以高熱量食物為主；南歐則偏地中海型飲食，以冷油料理居多，義大利人較常吃義大利麵、橄欖油、沙拉、葡萄紅醋等。台灣小吃店的桌上經常擺著一小罐醬油、一小罐烏醋，義大利餐廳的桌上擺的則是一瓶冷壓橄欖油、一瓶葡萄紅醋，吃沙拉會拌上橄欖油，啃麵包也會沾些橄欖油。

義大利是個愛吃油的民族，所幸主要的食用油為冷壓初榨橄欖油，較不容易造成身體負擔，雖然每種油的單位熱量都是 9 大卡，但冷壓油卻保留了較豐富的營養，而且橄欖油富含單元不飽和脂肪酸及抗氧化物，可

使血脂肪不易增加，降低心臟血管病變的機會。橄欖油含有豐富的維他命 A、D、E、K，其內含的抗氧化成分具有抗老化的作用，能重建皮膚保護膜；而且油質穩定，養分容易被皮膚底層吸收，可使皮膚富有彈性，保持青春活力。

橄欖油、葡萄酒、義大利麵是地中海型飲食的三大典型代表食物。「地中海飲食」泛指希臘、西班牙、法國和義大利南部等位處地中海沿岸各國，以蔬菜、水果、海鮮、五穀雜糧、堅果和橄欖油為主的飲食風格。

這些元素不但符合目前「高纖、高鈣、抗氧化」的健康風潮，研究更證實地中海飲食可以有效降低罹患心血管疾病的風險，預防心臟病、中風、防癌，還可以抗老化。世界衛生組織（WHO）更公開推崇地中海金字塔飲食法，是促進人體健康、長壽，使人充滿活力的最佳飲食法。

走過國外這麼多有機展，早期總公司引進了許多台灣前所未見的商品，其中部分商品仍不免因各國生活及飲食習慣不同，無法得到台灣市場的青睞。

幾年下來，我們過濾了三、四千種商品，真正留在架上的商品不到一千種，例如早期在國外行之有年的燕

麥植物奶，進到台灣來卻是曲高和寡，沒多久就黯然下架，直到最近這幾年才慢慢為國人所接受。

　　早期總公司有許多採購經驗，都是從這些實驗失敗的挫折中累積而來的，然而這些失敗的經驗卻拓展了我們經營有機產業的眼界，訓練了我們的市場嗅覺，幫助我們將全球最新的有機資訊、生物科技產品盡收眼底，並引進了國人趨之若鶩的商品，創造了更多的商機。

04 德國：朝聖！身心靈平衡的有機國度

到有機重地朝聖

　　在全球有機農業發展歷程中，德國一直是個很重要的里程碑，她的有機普及率雖然不及瑞士與奧地利，但因為地廣人稀，不僅有足夠的有機產品可供應國內所需，還能大量外銷到全世界。台灣從歐洲進口的有機產品，就多半來自德國，其產品製程的嚴謹，深獲國人的信任。

　　史上第一個成功的癌症自然療法——葛森療法（The Gerson Therapy）也是源自於德國。葛森療法的創始人是素有「自然醫學之父」尊稱的馬克斯・葛森博士，他也是蔬果精力湯和咖啡淨化法的始祖，以科學實證做出深入的研究，而且親自帶著家人體驗這種生活，為失去健康的人帶來無窮的希望。

　　葛森療法是一種自然療法，利用大自然食物的力量

及身體本身的療癒機制，消除身體產生的病痛，至今已超過七十多年的歷史。其六大健康原理讓我們可以阻毒、解毒、排毒，重新啟動身體自癒能力，達到有病治病、無病強身的境界，其中的無鹽飲食、新鮮有機的蔬果汁、吃對好油（亞麻仁籽油）、咖啡淨化法，更是許多人健康的救星。

葛森療法真正治癒過癌症、糖尿病、結核病、心臟病、關節炎、偏頭痛、皮膚病等公認難以處理的病症，對醫療有極大的貢獻，受到全世界自然療法界的推崇，日本名醫星野仁彥教授曾罹患結腸癌和肝癌，就是靠葛森療法健康地活過二十多年。

諾貝爾和平獎得主史懷哲博士接受了 6 週葛森療法，就完全治好了糖尿病；連帶他妻子的結核病、女兒嚴重的皮膚病也獲得根治。就連美國首席腸胃科醫師新谷弘實都是葛森療法的追隨者，實施咖啡淨化法超過 35 年。

我推廣「健康飲食三好運動」（對食用者好，對生產者好，對環境更好）十多年來，不管是授課、演講、著作等，經常與大家分享葛森療法的養生觀念。我自己也是葛森療法的實行者，每天早餐是一份加了一匙有機

亞麻仁籽油的自製優格、新鮮水果和一杯常溫的有機蔬果精力湯；而我幾乎每天做一次咖啡淨化，就連出差、出國旅行也不例外。

學習讓身心靈平衡的自然療法

由於對葛森療法的推崇以及尋根探源的研究精神，我們興起了親自到德國學習葛森療法的念頭。2006 年 10 月，王康裕先生夫婦和我還有小如，兩對夫妻帶著朝聖的心情，前往位在德國的布魯士－葛森自然斷食療養中心，進行為期三週的葛森療法學習課程。

推廣運用葛森博士斷食自然療法多年，終於有機會到源頭親身體驗，內心真有說不出的興奮和感激。

布魯士－葛森自然斷食療養中心成立已逾 50 年，療養中心座落在蒼鬱山林間遺世獨立，外觀猶如一幢休閒別墅，與一般治療中心鋼筋水泥的建築物大不相同。而且整座山頭只有這麼一幢建築物，想偷吃一點垃圾食物都沒門！

對習慣都市生活的我們來說，面對如此秀麗的自然環境，真是畢生難得的機會。然而我卻難掩心中的害怕，要拋開高堂稚兒和忙碌繁重的工作，三週不問世事

真的好難！原來面對寧靜生活也需要勇氣！

　　10 月的德國就快要下雪，天氣冷得不得了，整個中心只有兩間套房，其他都是衛浴共用的雅房，我們兩對夫妻便入住了這唯二的套房。當時住宿費是一天3000 多元台幣，其他調理課程則個別收費，每項 600到 3000 元不等。療養中心的居民多半是病人，像我們這種前來研習葛森療法的學員並不多見。

　　第一天下午，自然療法專家諾貝爾先生首先進行身體檢查，接著開始一對一的個人健康問診，最後諾貝爾先生採用布魯士及葛森博士的綜合療法，開給每個人各自的菜單，當晚就開始了斷食排毒體驗。

　　療養中心提供各種自然療法，例如電療、熱療、SPA 水療等，治療方式跟一般醫院很像，只是他們不打針、不開藥而已。在中心的每一餐都備有營養健康的有機食物，室內唯一可使用的電器是檯燈，沒有電話、電視，也不准我們攜帶電腦，因為院方希望入住者都能完全地放空放鬆，放下工作俗務，好好休息。

　　第二天早上七點起床。七點半一到，諾貝爾老師陪我們到後山的森林散步，一行人有八十幾歲的老祖母、糖尿病患者、癌症病人等成員，每天要步行約八公里的

路程,務求讓心跳每分鐘 110 到 120 下左右,才能達到強化心肺呼吸功能的效果。

以往在台灣必須特地去親近大自然,才能擁有悠然自在的享受,但是在這人煙罕至的山林,一切是如此自然純淨。我第一次感受到秋天是如此美麗,呼吸到的空氣是如此乾淨新鮮,也才頓悟到:人如果能處在當下的滿足之中,心中便只有無限的包容與愛,哪裡容得下壓力和煩惱?原來自然療法所強調的身心靈排毒,竟有如此奇效!

我們一路走到九點多,才悠閒地展開一天的療程。往後的每一天早晨,所有入住者都會結伴走上這麼一趟,隨著療程的推進,每天的身體都愈來愈輕盈,步伐也愈來愈輕快。

布魯士先生所倡導的蔬菜汁斷食法,在實行期間,只能飲用有機根莖蔬菜汁及藥草茶,搭配自製洋蔥湯,做為保暖之用。在疾病的改善過程中,斷食法要求得極為嚴格,但我們四個人只是為保健、調整體質而來,因此又增加了葛森博士的綜合療法:食用有機蔬菜水果沙拉、控制動物性的脂肪及蛋白質、儘量攝取完整的食物、控制鹽分的攝取及自然排毒,這樣的組合較為溫

和，不會有饑餓感，且容易長期調理，才能充分地燃燒熱量，達到完整的新陳代謝、改善體質的目的。

走完 8 公里的森林之路，回到療養中心，餐桌上已經備好根莖蔬菜精力湯，以及各式生菜沙拉，除了溫熱的洋蔥湯之外，幾乎沒有熟食。不過可別小看這碗洋蔥熱湯，裡頭還加了切碎的新鮮洋蔥、大蒜及茴香，搭配少許綜合蔬菜粉，喝下之後潤肺暖胃。

我第一次在 6°C 的大冷天裡做斷食療法，卻不覺得身體虛寒，即使每天都吃生冷的沙拉及蔬菜汁，中心裡那位八十幾歲的老祖母依然臉色紅潤、神清氣爽。

每天用餐時，中心還會貼心地為我們點上蠟燭，吃起飯來格外有氣氛，在這裡的一飲一啄所有料理，都是具有功能性的調理餐，這麼幾天吃下來，我感到全身充滿力量。

其實，從每個人起床後喝的第一杯含有礦物質的水開始，我們的體質就逐漸改變了。這一點從尿液的酸鹼度，便可看出端倪。傳統飲食造成一般人普遍脂肪、蛋白質、碳水化合物過剩，進而形成酸性體質，也成了疾病的源頭，因此減食成了找回健康的第一要務。

復食期的早餐則是有機小米和燕麥熬成的熱粥，再

加水果；午晚餐除了布魯士蔬菜汁、胡蘿蔔汁及草本茶之外，還有根莖類蔬菜、瓜果、大紅豆、德國有機酸菜等十多種材料做成的沙拉，好讓我們細嚼慢嚥。值得一提的是，經過我的體驗後發覺：德國有機酸菜對消化排泄特別有幫助！

德國沙拉跟台灣傳統的沙拉有很大的差異，德國人主要以有機根莖類蔬菜、新鮮瓜果、各式豆類為主，搭配些許葉菜及芽菜，強調不同部位及不同顏色的蔬果組合，與東方人講究陰陽寒燥平衡，可謂殊途同歸。

雖然在這裡嚴禁外食，不過王先生和我每天下午休息時間還是會忍不住偷溜出去，到小鎮上的咖啡館悠閒地享受下午茶。等回到療養中心，見到那些「規規矩矩」的夥伴們，雖然很不好意思，但第二天還是會再偷溜出去，現在想起來還覺得很好笑。

意外治好腰痛宿疾

正餐之外，其他時間我們必須大量飲用各種草本茶，大約 2000 到 3000cc 之多，每天睡前還要吃一湯匙活性碳粉，以吸附體內毒素。

兩天下來，我發現自己的尿液鹼性慢慢增加，顯示

身體狀況愈來愈好，但我因為工地意外的腰痛宿疾卻發作了，痛得我死去活來。

我趕緊請教諾貝爾老師，據他解釋，在療程的前三週，身體的狀況會起起落落，持續三週以後，身體會驅除儲存在脂肪組織及器官系統裡的毒素，可能會造成暫時性不舒服的情形，這就是「好轉反應」。

為了幫我減輕疼痛，諾貝爾老師為我指壓、按摩及熱敷患部，同時要我在晨跑時，加強腰部肌肉的振動。往後幾天，疼痛真的改善許多。因為事先就知道在布魯士療程中，經常會發生這種「好轉反應」，所以我並不會擔心或害怕，反而更勇敢地面對身體的不適。

第六天，療養中心開始搭配施行大腸水療法，大腸水療是利用過濾加溫的清水，維持在 1.4 到 1.5 磅（約 0.64 公斤）的水壓，徐徐注入體內，幫助大腸蠕動，同時撐開大腸壁，軟化並溶解宿便，清除腸內有害的黏結物，將廢物排除體外，達到清腸的效果，並使結腸恢復正常功能。

大腸水療與每天都可以施作的咖啡淨化法不同，除非必要，不建議太常做，大約半年到一年做一次即可，而且必須由專業水療師操作，目前在台灣私自購買大腸

水療機自行操作使用仍然是受到禁止的。

　　雖然療程開始前，專業水療師已經做過詳細說明，打了不少預防針，但是當管口插進腔門時，我還是會產生極大的恐慌，水流進入大腸之後，腹部的脹痛更是令人難忍，讓我幾乎想要放聲大叫。

　　治療時，一開始先以冷水進出，再換熱水進出，如此循環了好幾次，一口氣把你的腸子洗得乾乾淨淨，整個過程大概要半個小時，水療師會在患者腹部輕輕按摩，減緩施作時的不適。

　　同時，排泄物的進進出出，都可以從透明的水療管看得一清二楚。眼睜睜見到自己腸內宿便爭相自管中湧出時，真是令人難以置信，沒想到人體內居然竟有這麼多廢物與毒素？治療前與治療後的感覺真的有天壤之別，療程結束後，整個肚子輕飄飄、軟綿綿的，非常舒服！難怪人家說「宿便為萬病之源」，腸道乾淨果然是健康的基礎。

　　療程進行到第七天，則是搭配實施有機咖啡淨化法。讓特殊處理過的咖啡液，以細軟管點滴的方式進入大腸及直腸，持續 20 到 30 分鐘。咖啡淨化有助於改善肝臟排毒功能，平時可以自行在家施作，不像大腸水療

需要專業人員及機器，甚至癌症病人也可以此療法來減輕疼痛。

　　一直到現在，即使工作再忙碌，甚至錄影錄到很晚才回家，我還是會擠出時間施作咖啡淨化法，而且身體愈累愈要做，可以幫助我更快恢復體力。因為咖啡淨化法不僅可以排出宿便，煮沸過的中度研磨有機咖啡液中富含的咖啡因，可以排除肝臟毒素，是復原肝臟功能的有益工具。

　　看過療養中心這幾十年的成功病歷，讓我更堅信自然療法的力量。「自然是最好的醫生，食物是最好的藥方」，在這個飲食天然無負擔，又全無現代科技干擾的自然園地中，想要不健康長壽也難。做完一趟這麼完整的葛森－布魯士自然綜合療法，我覺得自己還可以再多活十年！

　　後來凡是遇到便秘或急迫性疾病的朋友，我都會建議他試試咖啡淨化法。我有位長年便秘的客人，他是餐廳老闆，每天為了試菜，必須吃下很多東西，遇到出國考察，一天至少要吃四餐以上，進食對他來說已經成一種折磨。後來我請他施作咖啡淨化法，再搭配所需的酵素，沒有多久，他特地向我表示：「哇！我整個人都暢

快了起來！」後來他又教了很多餐廳員工、以及到他餐廳用餐的客人試做咖啡淨化法，如此熱心推廣，讓許多人誤以為他是我的業務呢！

我們一群人德國此行最大的收獲，是印證了過去在原文書上看到的自然療法。以前對咖啡淨化法只是研究，不敢真的嘗試，經過這趟體驗之旅，一切不再是紙上談兵，而是每天徹底執行，施作之後更有信心，才敢跟消費大眾分享。

雖然我們是以自然醫學的角度出發，但也不忘佐以實際驗證，相信這也是一個從事有機產業的人應有的專業態度。

第6篇

推廣有機志業

曾經有一位當了三十年老師的退休學員，在社大連續上了我三年的課，一臉感動地說：「王老師，我從來沒看過一個老師講課從第一分鐘到下課都沒停過，一口氣講了兩個多小時，連上廁所的時間都沒有！」

01　從飲食教育
　　　開始學會健康

開啟講師生涯

　　我原先並不是一個會講話、愛講話的人，小時候也從來沒想過長大之後會從事跟「說話」而且是「說很多話」有關的工作。如果我一直待在建築工程業，到今日應該還是個惜言如金的人，但現在的我，一天說上幾個小時的話，已是家常便飯，這一切都從當講師開始。

　　2002 年，王康裕先生接下台北市信義社區大學有機飲食課的講師一職，我理所當然地成了助理講師，與王先生搭檔演講。到社區大學講課，首度讓我走出了公司體系，面對更多不同層級的消費者。

　　後來有台灣運動科學協會的會員在信義社區大學聽了我和王先生上課，邀請我們加入協會，成為運動營養學委員。這個協會旨在研究運動與飲食之間的關係，我和王先生以有機飲食的角度，探討如何加強運動的營養

保健和代謝能力問題，同時以自然療法來舒緩運動傷害，或增強特殊運動的運動員體能。

新竹店後來門庭若市，也為我帶來了許多意想不到的機會。有一天，一位常到店裡吃飯的客人問我：「王老師，你的口才學識這麼好，要不要到我們社區大學來開課？」

原來是當時林正則市長的夫人在東門國小附近開始籌辦新竹市婦女社區大學，對方希望我能到婦女社區大學開設有機飲食的課程。推廣有機觀念一直是我的志業，以往只能在店裡一對一或一對少數地傳達有機觀念，如今有機會告訴更多人，何樂而不為呢？我欣然同意，從此便開啟了我的講師生涯。

2003 年，我開始在新竹市婦女社區大學教授有機飲食課程，一教就是九年多，如今已邁入第十年。

同一時期我也應邀到新竹市愛恆啟能中心當健康顧問，教智能障礙的朋友種小麥草和芽菜，收成之後，再教他們製成小麥粉對外販售，或以成品義賣募集善款。讓智能障礙朋友藉此謀生只是目的之一，最重要的是，讓他們多接觸這些有生命力的植物，接收大自然的能量，對他們身體和心智大有幫助。小麥粉和新鮮芽菜後

來也成了愛恆啟能中心的主力商品。

在新竹市婦女社區大學教出口碑後，我又被延聘到新竹市科學城社區大學講課，前後教了三年。又因緣際會到新竹市佛光山人間大學教了兩年的健康飲食課，爾後又成為新竹市文化局有機飲食講師，與「講師」結下了終生不解之緣。

想出適合婆婆媽媽的招數

萬事起頭難，為了教好學生，不辜負教師之名，我開始大量搜集整理資料，消化吸收之後，再融會貫通成為課堂上的內容。

社區大學上課的學員多半是退休人士，我因而常戲稱自己粉絲都是「5566」，不是五十多歲，就是六十多歲的長者。

我自認推廣有機觀念的動力是源源不絕的，只要一講課，沒有人阻止我，我是不會停的。曾經有一位當了三十年老師的退休學員，在社大連續上了我三年的課，一臉感動地說：「王老師，我從來沒看過一個老師講課從第一分鐘到下課都沒停過，一口氣講了兩個多小時，連上廁所的時間都沒有！」

在新竹婦女社區大學教書，每次在學期末成果發表展上看到學員用心的表現，都會讓我感到欣慰。平時上課我都會留時間示範幾道有機料理，像是精力湯、優格、起司、納豆、有機饅頭、海藻沙拉等養生美食，每學期的成果展舉辦前一個禮拜，所有的學員就開始分組討論要做什麼料理，而且每個人都自費買材料。有機料理講求新鮮安全，往往都要到前一天晚上或當天早上才能開始準備食材，開展前才分工合作，迅速將所有食材組成成品，考驗每個人的料理速度和應變能力。

　　我們在成果展上永遠是人潮最多的攤位，蒸籠裡有熱騰騰的有機饅頭，桌上有自製的五穀飯糰、健康優格、海藻沙拉、梅子果凍，還有自己釀的天然水果醋，供參觀人潮免費試吃，攤位上甚至貼了所有學員的體重表，例如某個學員實行了斷食療法一個星期後，體重從 55 公斤降為 52 公斤；有一年的班長非常用心，特地加了一個「體內環保成果展」，詳細列出每個人減重的公斤數，讓參觀的民眾看了嘖嘖稱奇。

　　每一次的成果展都帶來更多上課人潮，讓我教得欲罷不能，很多學員都連續上了好幾期。

57 健康同學會

〈湖南衛視‧百科全說〉特別來賓

有夠「愛講」的老師

即使我已遠征新竹，但王先生仍聘我為「無毒的家」的推廣講師。2005 年，我依然代表總公司到全台灣分店講課，近距離接觸消費者，那幾年可說是台灣跑了好幾圈。除此之外，也有很多機關團體邀請我前去演講，讓我有機會接觸各個領域階層的人，都是很新鮮有趣的經驗。

2009、2010 這兩年，我花了很多時間在與學校老師和學生家長的互動上，應邀到許多學校開老師的健康研習營，談健康與飲食課程，希望老師們能教導學生五育之外的第六育──飲食教育，包含正確的飲食觀念、進食順序、食物選擇、營養均衡度等等。

一開始只是跟我三個小孩的學校老師及其他家長分享，後來康軒文教機構聘我到許多國中、國小為老師們演講。還曾經到天母國小、天母國中為家長成長班上課，教導家長正確的飲食觀。

孩子在上大學以前，健康是父母的責任，因為一個人所有的飲食習慣都是從家庭裡培養出來的，父母張羅什麼，孩子就吃什麼，小孩子吃的東西是由父母決定

的，這也是我極力提倡飲食預防教育的原因。

孩子在開始吃大人食物時，父母就應該讓他吃天然的食物，讓他的味覺記住食物真正的味道，而不是調味加工過的滋味，因為第一口食物的味道記憶最深刻。

像我現在給三個小孩中午帶的便當就很注重這個部分，主食是十穀飯或三米飯（糙米、白米、小米）、全麥麵條、自製手工水餃輪流上陣，搭配各式各樣有機蔬菜或海藻沙拉，務必達到天然美味及營養均衡。

或者讓孩子們多接觸天然食物，利用假日和小朋友一起去採買食材，讓孩子認識食材的原貌，甚至一起處理烹調食物，還可以促進親子關係。而家長本身也應慎選家中鍋具及各式調味料，避免吃下不健康的東西。

可惜現代家長或因工作繁忙，或因缺乏正確的飲食觀念，忽略了孩子的飲食狀況，所以我一直希望能透過學校教育，培養孩子們健康飲食的習慣。

到了 2011 年，我的第三本書《這樣吃，一定瘦！》出版，為我帶來了更多演講機會。

當年有一項調查結果顯示：肥胖率最高的行業不是「餐飲業」，而是「運輸業」，讓許多人都跌破眼鏡。德國郵政 DHL 台灣總公司於是請我做員工瘦身的規

畫，包括：到全台灣分公司做瘦身主題的巡迴演講，以及設計減肥建議菜單。這一講就跑遍了台北、桃園、新竹、台中、嘉義、台南、高雄等地。

2011 年底，我應邀為彰化市公所的「二〇一一第四季心靈成長系列講座」演講，市公所還派出了演講宣傳車，是我比較難得看到的景象，會後市長還頒了一個感謝狀給我，真是可愛又充滿人情味。

同年，我還應司法院秘書長之邀到司法院演講，成了司法院有史以來最年輕的講者，聽眾是司法院全體教職員，其中還有最高法院院長、高等法院院長等高官，是我目前受邀演講層級最高的單位！

能夠應邀到全台灣各地演講，多半要拜電視媒體之賜，在電視上可以很快觀察出一個人的口才與台風夠不夠穩健，演講的內容夠不夠吸引人，否則一個單純出書的作者，未必會有這麼多演講的機會，這也是我很幸運的地方。

長年授課和演講不僅訓練了我的口才，也磨練了我與人溝通和互動的能力。當時最大的挑戰是：我該如何表達，才能讓這些上了年紀的婆婆媽媽聽懂得深奧的健康知識，進而消化吸收，於是我發明了很多口訣，幫助

學員記憶所學，而且刻意教他們做一些吃吃喝喝的東西，如此他們才能應用在實際生活上，這樣的學習才有意義。

　　後來這些風格和創意也成了我的個人特色，現在我上電視節目或教課，都會在講完主題之後，做一道相關的料理。講高血壓就弄個精力湯，講眼睛保健就煮一鍋養生南瓜濃湯，引起觀眾和學員的興趣，最終身體力行，真正將健康帶進自己的家。

02 螢光幕前的「實證醫學」

初次登場上《健康兩點靈》

2006 年，TVBS 的《健康兩點靈》節目，開始想談「有機、健康、環境」這個主題，教導民眾如何烹調，才能減少油煙，煮出健康又美味的食物。

當時電視節目商請「無毒的家」派代表上節目談有機，並示範如何健康烹調食物。原先內定由老闆王先生親自出馬，但王先生覺得自己容易緊張，指派年輕漂亮的老闆娘，奈何老闆娘太過害羞，不好意思上節目，這份差事自然落到我這個什麼都做的前特助身上了。

那時候我到新竹店已有一段時間，早已學會做料理，烹煮食物對我來說不是問題，上電視面對鏡頭卻是頭一遭，心裡多少還是有點忐忑。但仔細一想，這也是個難得又有趣的好機會，如果不及時把握就太可惜了，於是我告訴自己別想太多，先做就是了！

第一次上電視的我，當然又是緊張到全身冒汗，更可怕的是，當時《健康兩點靈》是現場直播。上現場直播的節目，台風一定要穩，臨場反應要快，一旦說錯話、做錯動作，完全沒有轉圜的餘地，就只能尷尬出糗，對我這個從沒上過電視的新手，實在是莫大的挑戰！

　　充分的準備是增加自信的最大關鍵，於是我在事前做了最完整的準備，一路上不停地為自己加油打氣，在心裡不斷默唸：「王明勇，你是最棒的，你一定辦得到！」直到現在，不論大小演講，我一定會在前一天做好準備，如此一來我當天晚上才會睡得著、睡得好。

　　錄影前我早已將一切準備妥當，那天我被要求做兩道無油料理，也就是用食物本身的油脂做料理，不另外加油，以防止油煙產生致癌物危害身體。我直接將新鮮的蝦子放入汽炸鍋中煎，蓋上鍋蓋，五分鐘後打開鍋蓋灑點鹽，就可以直接吃了。第二道料理煎魚更是讓人大呼神奇，那條魚一邊是以自身魚油煎熟的、一邊是用鍋中水氣蒸熟的，兩種口感集於一身，讓現場來賓和主持人個個吃得回味再三。

　　通過考驗，我成為《健康兩點靈》經常受邀的來賓，從此進入了電視圈，也認識了很多好朋友。

這都要拜我在新市竹婦女社區大學的講師經驗所賜，我的學生都是五、六十歲的婆婆媽媽，就連七、八十歲的阿公阿嬤都有，要怎麼深入淺出地表達，講到童嫗能解，讓每個人都能心領神會，花了我很多時間和心力去嘗試和修正，而跟他們的互動也訓練了我的口才和表達能力，都是很珍貴的人生歷練。

直到現在，不管是哪個電視節目，每集都像在出一道考題，不僅要發揮創意，做出主題要求的菜餚，還要具備專業知識，解析料理的成分與作用，並且說出道理來，才能感動觀眾，願意在生活裡身體力行。

例如名主持人吳淡如小姐主持的《女人要有錢》，有一集談皮膚保健，我就示範了有機綠豆糕的作法，選用冷壓苦茶油及南瓜子油代替傳統的豬油來固定綠豆粉，因為冷壓苦茶油及南瓜子油裡含有單元不飽和脂肪酸及多元不飽和脂肪酸 Omaga-3、Omaga-6，而且其中的鋅有助於傷口癒合，促進維他命 C 和膠原蛋白的組成，這些都對皮膚很好。

我做的菜不一定是最美味的，但肯定是最健康的。畢竟東西好不好吃是很主觀的，但「健康」卻是真理，只要是真理就經得起考驗！

到現在還是有很多人不相信我會做菜，即使已經在螢光幕前示範了健康佳餚的烹調，依然有人懷疑「那真的是王明勇做的嗎？」，但我從不費心解釋或證明什麼，只是一直努力地做我應該做的事。

　　雖然我並非出身正統的醫學院，一切都是自學，但也不想被貼上「個人民俗療法」的標籤，而希望自己所學能統合醫學理論，謝明哲教授常說我的所學為「實證醫學」。例如咖啡淨化法就是我親赴德國學來的，我自己和家人實踐了六、七年，有任何疑難雜症我都可以解決，也受惠良多，才會提出來與人分享。

　　我的努力漸漸在許多節目裡做出了口碑，只要是我做的餐點，一定會被吃光光，許多對食物品質要求極其嚴格的潘懷宗博士、孫安迪博士、江守山、王健宇、羅明宇、陳柏臣醫師等多位專家，也對我做的料理情有獨鍾，總是賞光地吃完。

感謝貴人相助

　　我很幸運，在 30 歲以前遇到了第一位貴人王康裕先生，讓我在有機界站穩了腳步；30 歲以後，我與潘懷宗博士在台北醫學大學營養保健學分班初識。

潘博士一路對我十分提攜，他很欣賞我實事求是的精神，也喜歡我做的健康創意餐點，甚至暱稱我是他的「小老弟」。潘博士離開《健康兩點靈》之後，另外在東森電視台開了新節目《57健康同學會》，就將我這個舊識介紹到新節目，成為固定來賓，讓我又多了一個節目可上，由於這兩個節目收視率都不錯，我漸漸打開了知名度。

後來潘博士又向TVBS《女人我最大》製作人引薦，我才得以在美妝教主藍心湄主持的當紅節目上露臉。《女人我最大》有段時間常在談身體保養與食物的關係，自然也涉及食物營養和清潔，我便受邀上節目暢談如何挑選食物、什麼是有機食物、如何安全地清洗及烹調食物等。

由於《女人我最大》這幾集節目的播出，後來逢年過節我經常到名人家的廚房大掃除，製作單位拍下我的示範過程，製成特別節目播出，告訴觀眾如何以小蘇打粉或貝殼粉、天然醋、檸檬皮，安全地清洗食物、清潔廚房，包括冰箱、抽油煙機、微波爐的無毒清洗法，並介紹一般無毒清潔法的三大法寶小蘇打粉、鹽和醋的妙用，這種型態活潑的節目，也造成了一陣熱潮。

後來我上了大陸的電視節目，製作單位也玩過類似的橋段，現場特地搬來一台很髒的烤箱，當場要我用小蘇打粉、鹽和醋把它洗乾淨，透過節目推廣天然無毒的清潔方法。所謂的「有機」不只是食物，無毒的保養與清潔也佔了很大一個區塊。

隨著知名度的開啟、出書後的宣傳和人物專訪，我又陸續上了許多不同時段的電視節目，有段時間家人幾乎天天都可以在電視上看到我。

設計不出菜單就別想睡覺

錄製電視節目是一件耗時耗體力的事，即使只有一集，光是準備到錄影完畢，至少也要半天時間，在台灣經常要趕場錄節目，但這還不是最累的，由於我上的是健康節目，不是美食節目，沒有料理的時間，不能讓我現場烹煮食物，所以我每次上節目都必須準備兩份食物，一份是現場來賓要試吃的成品，一份是展示用的個別食材，所以除了備妥所有食材，還要大包小包地從新竹帶到台北，若一次要錄好幾集節目，就要準備得更多了，這才是最辛苦的部分。

我的菜屬於創意料理，不像各派系有傳統菜餚可

學，我常常絞盡腦汁設計與主題相關的料理，錄影前在家裡試做一次，讓我太太和三個小孩試吃，經過他們的認可才能端上節目的餐桌，有時得試做好幾次，不斷修正配方及烹調方式，才能讓他們點頭說好吃。

每集節目的主題就是我的考題，必須以我所學的營養保健理論去設計菜單，加上我強調的是如何在五分鐘內完成簡單的健康菜餚，如果一個穿西裝打領帶的大男人都做得出來，其他人也一定做得出來，這樣的標準又提高了製作的難度，除了我自己，幾乎沒有任何人可供我討教與學習。

此外，我不喜歡做重覆的菜，如同一位藝人沒有持續推出新專輯或演出新作品，怎麼可能會受觀眾歡迎？尤其現在台灣的健康節目主題談來談去都在同樣的範疇裡，心血管疾病、糖尿病、三高等慢性病一講再講，每次切入的角度、討論的層面和相對應的料理都必須翻新，使用的食材種類也必須比別人廣泛，於是如何做出實用、受人歡迎、又兼顧營養健康的料理，成了我的一大挑戰。

只要想不出菜單，當天晚上我就別想睡了，這是我上電視的唯一壓力，至於面對鏡頭的臨場反應、錄影所

需的體力耐力，對我來說反而不是問題。

　　上電視的經驗不僅更進一步訓練我的口才，也增加了我的臨場反應，同時透過對其他來賓的觀察，不斷修正自己的不足之處，為了在節目上有推陳出新的料理，更努力在自己的專業上精益求精，這些收獲都是當初我硬著頭皮上陣時想不到的，人生的有趣之處，也就在這些未知與冒險，所以，永遠不要小看自己，也永遠不要放棄任何機會！

03 把學習心得
淬鍊出版

將多年來的心得化為文字

　　媒體效應一向無遠弗屆，往往超出當事人的想像，而我有幸出書，就是拜「上電視露臉」之賜。

　　我在《健康兩點靈》嶄露頭角之後，引起了不少迴響，我的料理健康又簡單易學，很多媽媽下午看了《健康兩點靈》，晚上家裡的餐桌上就會出現我教的菜。

　　老天很眷顧我，當時皇冠出版集團底下的平安文化剛好要開新書系，想出健康方面的書，有一天，皇冠出版集團的老闆收看《健康兩點靈》時，看到我在節目裡做的菜大受來賓好評，不禁覺得：「這個小夥子做的東西挺有意思。」於是找我到出版社聊聊，看有沒有機會出版相關的書。

　　雖然我已經有了四年的電視媒體經驗，皇冠出版社旗下的平安文化聯絡我時，我還是不免受寵若驚，畢竟

皇冠也是國內數一數二的大出版社，我那時候心裡想著：有沒有出書都無所謂，有機會認識出版界的前輩，總是件好事。

　　我的健康概念與原則，頗受出版社的賞識與認可。當時台灣大量出版了日本健康方面書籍，出版社也開始試著開發國內這類書籍的作者，平先生和金主編覺得我的東西很有市場性，頗有出書的價值，而他們正想開一個叫「真健康」的書系，希望我能成為第一本書的作者，我本來沒有出書的打算，但見到編輯們如此看重，既感激又感動，當場允諾簽下第一本書的合約。

　　後來幾次開會討論新書內容，結果愈聊愈起勁，內容急遽增生，一本書已經寫不完，老闆覺得只出一本書太浪費了，應該依內容分門別類，再寫一本，我也因此很幸運第一次出書就連出兩本。而這兩本書幾乎就是我經營有機產業十二年來的工作與專業紀錄，幾乎集我所學、所應用、所分享之大全。

如實呈現的食譜照片

我書裡食譜上的每道菜都是我親手做的，這是我絕不讓步的堅持。市面上許多食譜書的照片和實物有極大差距，我也是在自己寫書時，才知道有這種事。

記得我出第一本書時，拍食譜照片的攝影師事前打電話問我：「王老師，你要自己來還是叫助理來現場？」

那時候我還請不起助理，於是回說：「我沒有助理，我自己去煮給你拍。」

「蛤？您確定嗎？」攝影師有些不可置信。

「當然確定。」這有什麼好不確定的嗎？

後來我才知道，原來食譜照片有既定的拍法，作者不見得會親自到攝影棚做菜，擺盤用的餐具由攝影棚提供，只要作者或其助理出面整理食材，將每道菜應有的食材放入適合的餐具中，將食材一一排好，噴一點亮光漆就拍了。

攝影師對於我的決定十分訝異，因為多年來他拍過幾十位作者的菜色、幾百本食譜書，第一次見到有作者親自到現場烹煮食物，煮好再讓攝影師拍照。我對這樣的作法十分不以為然，攝影師解釋說：「一道菜可能一

拍就是幾十分鐘，煮好的東西放久了，顏色會褪掉，所以不得不用這種方式，保持菜色的美觀持久。」

我可以理解攝影師有他的考量，但我還是堅持我的食物一定要如實煮熟，才讓人拍照，因為我希望每個讀者煮出來的東西，都跟我書上的照片一模一樣。因此，書上的每一道菜都是我親手煮的，而且是花了兩天兩夜時間煮完這 30 道菜餚。

我書裡的食譜拍照全部都是這個原則，我一定親手做每一道菜，做完直接拍，攝影師不能染色或做任何修飾，它該是什麼樣子，就是什麼樣子，不能有任何誇大不實的效果，所以不管誰來做我的菜，做出來的一定跟書上的照片一模一樣。

以戀愛心情來減肥的第三本書

我的兩本著作《不能吃的秘密》、《這樣排毒讓我不生病》是我九年多來研究心得和授課內容的集結，本以為我的寫作生涯從此告一段落，沒想到兩本書的銷售狀況不錯，平安文化又給了我出第三本書的機會。

根據我的觀察，現代人暴飲暴食的原因之一就是心情不好，工作和生活上的壓力，會讓人想藉「吃」來抒

解壓力，因為人只要一吃東西就能刺激副交感神經，緊繃的神經馬上就會放鬆，尤其是吃當下最想吃的東西，最能解除壓力。

情緒對人的影響很重大，當七情六欲無法被滿足時，往往會透過口慾來填滿，現代人壓力愈大就愈想要亂吃，所以心情不好特別想吃炸雞排、燒烤等重口味食物搭配喝可樂、啤酒，再加上各式各樣的零食，沒有節制才會愈來愈胖，外力環境都只是幫凶而已。

因此第三本書我就以 EQ 管理的角度書寫，將書名取為《戀愛減肥法》，內容講述的是意識型態的減肥法，強調減肥像戀愛，需要時時加溫。

大家一起來守護地球

為什麼減肥會需要「加溫」呢？因為只要人的新陳代謝好，就不容易發胖，而唯有在整體體溫高的狀態下，新陳代謝才會好，平均體溫上升 1°C，新陳代謝就會增加 13%，免疫力會上升 35%。所以感冒時會發燒是正常的，而生氣或有壓力時，身體會發冷，因此壓力愈大，人的體溫就愈低，免疫力跟著下降，就容易生病。

人在戀愛時會心情愉快，新谷弘實及鶴見隆史等養生大師不約而同在自己的書裡表示：不管是聽見某一首歌、遇到某個好友等，讓你起了雞皮疙瘩，或感受到幸福時，若立刻抽血檢查，會發現其中的酵素活性激增數倍，一個人的酵素活性愈高，新陳代謝功能就愈完整，當然怎麼吃都不會胖了。

後來在與出版社多方討論後，又換了一個書名為《這樣吃，一定瘦！》強調要吃才會瘦。許多人以為只要減少食量、甚至不吃，就會瘦下來，其實不然，想減肥就一定要吃，關鍵在於有沒有用對的方法吃對食物。

如果你吃飯時心情愉快，那麼你的口水、胃酸就會正常分解食物，讓你的腸胃順暢，但如果你心情欠佳，你吃下去的東西肯定消化不良，所有的食物都塞在腸胃裡，長期下來，一定會得大腸癌，而且也很容易發胖。

所以只要每天充滿感動、感恩的情緒，時時心情愉悅，發揮正面思考的能力，就是減肥最佳的良方。

雞飛狗跳的官司事件

在這一連串的出書過程中，唯一讓我哭笑不得的是「養雞協會事件」。

我第一次寫書時還很天真，以為只要把事實寫出來就沒問題，沒想到書才剛上市，養雞協會就發文要告我和出版社，向我求償一億台幣，還要我登報道歉，並命令出版社把書全面下架回收。

看到養雞協會寄來的存證信函，我嚇得手腳都發冷了，這是我人生第一次收到存證信函，我也不過寫了一本書，怎麼會發生這麼嚴重的事？

可是轉念一想，我又沒有錯，為什麼要道歉？我寫的明明就是事實，內容的重點其實是在討論食物的價值與價格，強調一分錢一分貨。而雞飼料裡究竟有沒有抗生素或賀爾蒙，只要一檢驗馬上就知真假虛實。

為了迎戰這場官司，出版社也出動了合作的法律顧問。不久之後，我如期在台北市立圖書館總館 10 樓舉辦了第一場簽書會，當天我們還事先到建國北路上的警

察局備案，如有需要請警察到現場維持秩序。

　　果不其然，養雞協會的人帶了文宣到現場，但因為現場有警察在，他們不敢公然砸場，只是四處發傳單，上頭寫著：「……任何毀謗養雞事業之人，養雞協會將會向他求償一億台幣！」

　　演講開始後，養雞協會發動了許多人到現場提問，他們聲稱自己是教授、博士生或農業相關研究人員，十幾個人問題一個接著一個，無不想盡辦法要刁難我，我則見招拆招，與之對答如流，最後有支持的聽眾受不了，起身相挺：「請你們不要妨礙別人聽講！」當下我只覺得全身血液沸騰，既驚訝又感動。

　　經過這次事件，我開始意識到自己已經是個公眾人物，講的話似乎已有一定程度的影響力，尤其寫書更是一門大學問，不能只憑情緒或個人好惡斷言，字字句句都必須屬實，但在表述時卻不能太過直接，後來我寫書遇到比較敏感的內容，都會站在客觀中肯的立場上，儘量寫得委婉些，以避免不必要的誤會或紛爭。

　　我雖然不是營養或護理本科系出身，但我書上寫的全是我的親身體驗、實際應用而來，彙整自己生活中的點點滴滴，身邊家人朋友的實例，以淺顯易懂的筆觸，

傳達有機飲食的奧義與多年所學的精髓，希望每個追求健康的人都能領略。

記得在曾經辦過的幾場簽書會上，許多買了我的書的婆婆媽媽們，帶來了自己密密麻麻的筆記：「王老師，你在電視上講的東西，我都有抄筆記喔！」聽完心裡不禁一陣感動。

出書對我意義非凡而且責任重大，知名度的提昇還在其次，最重要的是將我的理念更無遠弗屆地傳遞出去，讓人們明白健康的有機飲食和美味口感並不衝突，只要用心體會天然食物的美好，必能創造出健康快樂的有機生活。

04　前進東南亞

打進馬來西亞市場

　　2009 年，我陸續出版了《不能吃的秘密》和《這樣排毒讓我不生病》兩本書，由於銷售狀況不錯，引起了馬來西亞大眾出版社的注意，2010 年正式將我的兩本書引進馬來西亞。

　　同年 6 月，我到馬來西亞為新書展開為期一週的宣傳，第一場演講在馬來西亞第一大報星洲日報大樓演講廳舉行。

　　到達會場時，我被會場的規模嚇了一跳，當下十分懷疑：「這是我第一次到馬來西亞，這個會場這麼大，至少可以容納五、六百人，到時候能坐滿嗎？」

　　當時我在馬來西亞根本名不見經傳，會有那麼多人來聽演講嗎？擺那麼多排椅子，萬一只坐了兩排，那不是很丟臉嗎？思來想去，就愈來愈緊張了。

我在休息室裡接受《星洲日報》記者的採訪，哪裡知道等到我出場時，整個會場已經大爆滿，有些聽眾根本沒位子坐，會場後方站滿了一整排的人，我心中不禁驚呼：「天哪！這些人是哪裡來的？」

後來才知道原來當地早已透過《健康兩點靈》、《57健康同學會》等台灣健康養生節目分享健康善知識多年，加上報紙的宣傳，才會造成那天的盛況。接下來幾天，我更是馬不停蹄地錄廣播節目，也順道四處遊覽，度過一段愉快的時光，讓我對馬來西亞留下了深刻的好印象。

順水推舟，為亞麻仁籽油打廣告

我之後在馬來西亞的發展，與伍朵博士有很大的關係。我在馬來西亞的每場演講，都會當場示範巴德維博士陽光好油療法「改善體質的優格加亞麻仁籽油」健康料理。出國前，我擔心到了馬來西亞買不到亞麻仁籽油，於是從台灣帶了一小瓶伍朵博士的有機亞麻仁籽Omaga-369調和油，做料理示範時，我告訴聽眾：「我每天在飯店吃早餐時，都會像這樣調一碗優格來吃，好油 Omaga-3 加優質蛋白質，對身體有很多好處……。」

沒想到此舉竟引起轟動，大家開始去找我用的亞麻仁籽油，東南亞伍朵亞麻仁籽油的代理商 BHB（Basic Health & Beauty Sdn. Bhd.）覺得很奇怪，怎麼這陣子亞麻仁籽油賣得特別好？後來一查才知道有個談健康的王老師到馬來西亞演講，提到了伍朵博士的亞麻仁籽油，造成了產品大暢銷。

　　他們立刻買來我的書一看，書上的食譜裡，有幾道用到油的料理，照片中果然就有伍朵亞麻仁籽油，於是他們輾轉找到了我。

　　BHB 是一家專門代理有機食用油的公司，在馬來西亞已經有七、八年的歷史，對有機食用油了解得十分透徹，把經銷的有機店和消費者教育得很好，是一家很誠懇殷實的公司。我們雙方的理念十分契合，可說是一見如故，他們極力邀請我為 BHB 做教育訓練，也承諾會在馬來西亞大力推廣我的書，後來我到馬來西亞為他們的客戶舉辦排毒養生營，受到熱烈歡迎。

跨國合作的健康大會

　　2011 年，BHB 要在馬來西亞舉辦一場售票的大型健康講座——健康大會（The Ultimate Life & True Health

Mastery Congress 2011），大會邀請我與伍朵博士、一位德國生藥營養專家、一位印度瑜珈大師，以及一位馬來西亞的養生烹飪達人一起主講。能與伍朵博士並列講者，真是令我受寵若驚。

2011 年 7 月 3 日在吉隆坡舉辦的健康大會，接近3000 位聽眾，站在台上往下望，才真正見識到什麼是萬頭攢動，密密麻麻的全是人。這也是我生平第一次與這麼多不同種族的講者齊聚一堂。

聽眾包含了華人、馬來人、印度人、印尼人、西方人等族群，五位講者各以一個鐘頭的時間，輪流講述自己的專業觀點，從不同角度探討健康，最後再以座談的方式討論主題，並回答聽眾問題。

這也是我第一次聽伍朵博士演講，他對於油脂確實有許多獨到的見解，令人欽敬。

這個別開生面的健康大會，讓我在馬來西亞的知名度大開，同時為我帶來更多不同的機會，也讓我深深體會到：健康永遠都不分種族、膚色、年齡和性別。

當初我只是以一種分享的心情，把亞麻仁籽油放上書、在演講中不經意用了一瓶油，從沒想要到替誰打廣告，豈料後來竟出現這番峰迴路轉。原來，人生際遇難

料，只要對自己喜愛的事物投注熱情與努力，終有一天
會開花結果，開創出人生新局。

榮任余仁生顧問

2011 年健康大會落幕不久之後，又有新的機會找
上我，而且是始料未及的合作對象——余仁生。

余仁生是馬來西亞最大的中草藥集團，擁有 134 年
的歷史，在馬來西亞可說是無人不知無人不曉，傳統兼
科學中藥材的連鎖店就有近百多家，每年光是燕窩一項
產品就能創造上億的營業額，甚至在新加坡還有上市公
司，如同北京同仁堂一樣家喻戶曉。

馬來西亞的有機市場僅次於台灣，整個馬來西亞有
數百間有機商店。余仁生在做過各項詳盡的評估後，決
定進入有機產業，達成「藥食同源」的理想。以中藥調
理、生機保健的觀念落實於預防醫學。

然而想跨足有機領域的余仁生，卻困於缺乏經驗，
不知從何著手。當時他們已經到台灣考察 6 年了，走遍
台灣大小有機店，對我有一些認識，而我的書也在馬來
西亞發行，每回到馬來西亞打書，就會上不同的廣播節
目，都讓他們對我留下了印象。

余仁生高層主管參加我在馬來西亞健康大會的講座後，更確定了與我合作的意願，於是在會後直接到台灣來找我。

雙方見面之後相談甚歡，得知這麼大的一個外國集團，在台灣考察 6 年之久，最後選中了我，對我也是一種莫大的肯定，於是我便與余仁生簽下顧問合約，每 3 個月要到馬來西亞 10 天，參與他們的產品開發、員工教育訓練、健康講座等業務。

我的書不僅成為基本教材，所有員工都必須熟讀，也都要接受上課訓練；此外，我必須上馬來西亞的三大廣播電台錄製節目，並在當地舉辦大型的專業演講、排毒養生營等活動，馬來西亞成了我海外發展一個重要的里程碑。

馬來西亞的華人非常傳統友善，許多台灣已經式微的傳統儀式，馬來西亞華人依然堅守。但新事業剛開始成立，員工多半不太習慣，畢竟受了一百多年的中醫訓練，又是習慣吃熱食的華人，如今要他們接受有機飲食，實在需要時間調適，就算是蔬果精力湯，他們都覺得太生冷不敢入口。於是，如何中西合璧，將營養與健康融合為一，做出符合當地華人口味的食物，也是我在

教育訓練上的一大挑戰。

　　馬來西亞華人秉性單純又好相處，大家一拍即合，我們的合作，憑的幾乎是一股「奇檬子」，只要感覺對了，就什麼都好談，於是年年賓主盡歡，雙方合作愉快。

　　2012 年 3 月，我開始在馬來西亞各大城市舉辦無毒美女排毒工作坊，分享清腸、清血、清肝膽、清細胞的巴德維陽光好油療法、肝膽淨化療法、葛森自然療法與布魯士斷食排毒療法，參加人數高達六百多人，同年 6 月又開了「要吃才會瘦」工作坊，分享如何在身體淨化後維持正常體態，如何吃得健康吃得苗條、2012 年 9 月則是斷食排毒療法工作坊、2013 年 3 月無毒美女排毒工作坊第二系列健康養生營，同年 7 月更首次完成在吉隆坡舉行的「癌真相健康大會」千人演講會！由馬來西亞余仁生主辦，馬來西亞國家癌症理事會（MAKNA）協助推廣；與各方面的專家從西醫、中醫、自然醫學及陳月卿老師全食物營養的養生觀念來分享癌的真相！

　　在這個危險的年代，從各個角度來了解癌症該如何預防保健及治療，真是難得！也得到非常熱烈的回響。就這樣一個接著一個的海外工作坊，讓我長年在東南亞飛來飛去。

尋求有機零污染讓土壤重拾生命

2013 年 3 月及 7 月我特別啟程去馬來西亞的金馬崙高原，參訪金馬崙有機農場及和平有機農場（Terra Farm）。

這次有機之旅認識了很多在地球不同角落的朋友，大家共同分享健康三好的有機生活！

我新認識的朋友何婉菁，八年前卸下拉曼學院講師的工作，與丈夫黃田環和四個小孩走出象牙塔，投入金馬崙高原這片山地，展開全職農夫生活。他們的和平農場，是金馬崙高原中最偏遠的有機菜園。

為什麼取名為「和平農場」呢？原來背後有段令人感動的故事。何婉菁說：「小時候媽媽叫我上香，每天上香，我都在想，該向佛菩薩求甚麼呢？有天我做了決定，就求世界和平吧！」

「有了自己的菜園之後，很自然就想到，就叫它『和平農場』。這一顆和平之心，除了是和平對待環境，也用來和平待客。」

這座經營了六年的有機農場位於羅京高原（Lojing Highlands），距離金馬崙高原大約半小時車程。一路

上鳥語花香，我看到非常豐富的原始生態，我們甚至爬過斷木及黃先生徒手完成的石頭拱橋，然而最後一段進入菜園的路非常顛簸，需要四輪驅動車上山，然後再徒步才能進入這片原始森林中的有機農場。

在這裡，除了分享黃氏夫妻的有機心得之外，最有趣的就是一幢自然建築——土屋。

土屋就如同電影《魔戒》中哈比人的故鄉「夏爾」一樣，是一座世外桃源中的建築。黃先生夫婦花了七年時間一點一滴建造這個人間淨土，並與大家分享。令曾經是建築工程師的我，都不得不佩服。

這一對夫妻之所以對有機種植事業如此熱心，原來背後還有家庭因素。婉菁的父親何贊能是大馬資深有機耕種者，婉菁從小就和土地有深厚的連結。何贊能種菜四十年，十幾年前轉移向有機農耕發展，努力推廣有機耕種，這些年來分別在雲頂、汝來、金馬崙高原及柔佛開發有機農場，他對有機農耕的熱心和熱情，讓他多次受邀到中港兩地分享參與有機耕種研討會。

雖然有父親的加持，但幾年前開拓自家有機菜園時，黃氏夫婦還是吃盡了苦頭。為了尋求一片純淨、無農藥污染，合乎兩人要求的土地，於是他們選擇到一塊

偏遠、獨立的山區土地開墾菜園。

選定地點之後，兩人開始建設一條一公里長的水管引用山泉水灌溉，在貧瘠的土地上做堆肥，堅持不用任何化學肥料，以自然的方式，為原本荒蕪的土壤重新賦予生命與營養。

「我們算很幸運了。這塊地剛租下來時，泥土素質非常差。我們用豆渣、米渣、可可皮自然發酵成為有機堆肥，改善泥土品質。等到泥土開始有養分，土壤顏色變深，開始累積大量有機質。然後，泥土鬆軟了，裡頭就有蚯蚓和其他蟲類，才開始種菜。」何婉菁笑著說。有機種植雖然辛苦，但成果確實是值得等待的。

除了有機，還有 Bio Dynamic

目前金馬崙高原十幾個有機菜園，種植生產供應市場。和平農場除了實施有機耕種之外，也撥出一片土地，進行講究大地自然互動運作的 Bio Dynamic 耕種法，成為獨到之處。

Bio Dynamic 是由 19 世紀德國社會哲學家史代納（Rudolf Steiner）所提出的農法。Bio-Dynamic 致力於推廣有機農法，把動植物、生態環境、地球運行與星辰

變化，視為一個活的有機體，倡導不污染環境，回歸自然、恢復土壤活力。

在生機互動農業的操作下，和平農場的菜園，除了種菜，還養牛養羊，牠們的糞便可成為肥料。黃氏夫婦還挖了水塘，水上種蓮花，水裡有蝌蚪。蝌蚪長大後變成青蛙，就是捉蚊蟲的好幫手。

至於種植時間，和平農場也講究配合日升月落，什麼時辰播種，什麼時候種植，都有自己的一套，菜園儘量向森林「學習」，保持大自然的原貌，回歸原始。

婉菁說，這一套 BioDynamic 耕種法，實行起來，條件比有機種植更苛刻刁鑽。我親眼見到在這樣環境中成長有機蔬果，全是滿滿的活力及能量。我相信這樣的有機蔬果不僅可以提供我們身體及環境健康的需求，更能感動我們的心靈！

新加坡錄電視節目

2010 年底，新加坡電視台的一位製作人看到我在大陸錄製的節目之後，立刻約我在新加坡最高級的金沙酒店一晤，當時我剛好在馬來西亞宣傳新書，於是就近飛到新加坡與對方見面，新加坡很少做過養生談話性節

TVBS 健康兩點靈

中央電視台人物專訪

目，想邀請我錄製並分享健康料理，於是有了 8 集《飲食誤區》節目的誕生。

　　《飲食誤區》由新加坡名主持人郭亮主持，每集節目邀請不同的藝人當特別來賓，我與主持人先在客廳和來賓暢談不同的健康養生主題，再到現場開放式廚房做養生料理，請所有人品嚐之後，再聊聊吃過的心得，這是一個非常輕鬆居家的節目，後來製作單位節目播出後，又將影片上傳到網路，讓更多人有機會觀賞。

　　新加坡錄影之行也是我一個很重要的轉捩點，該節目播出之後反應不錯，於是又再重播，讓我在新加坡開始累積了知名度，為我在新加坡的演講開了路，此後我每回到新加坡演講，都能創造一定的人潮，可說是拜該節目所賜。

有機產業以台灣為追隨指標

　　馬來西亞的華人比例很高，如今有機產業位已居亞洲第二，馬來西亞許多有機產業的腳步幾乎是尾隨台灣之後，當地的有機店隨處可見台灣商品。台灣很多有機店都已集團化，並且形成連鎖加盟店，馬來西亞還是以個人開店居多，因此有大型企業如余仁生想要連鎖經營

有機店，就在業界造成不小的震撼。

　　除了有形的產品外銷，有機知識也是輸出的大宗，早年推廣有機食療及教學活動的歐陽英老師，在星馬地區也辦過萬人演講會，引起民眾熱烈迴響；吳永志老師「不一樣的自然養生法」，在星馬一帶也有舉足輕重的地位；新加坡知名的藝人東方比利也是台灣人，還在新加坡創立了「365防癌教育協會」，足見台灣的養生保健專家在星馬地區都有一定的影響力。

　　如今回顧往事，才深覺一切彷彿早已注定，老天給我這個功課及使命，而我定會珍惜這份上天的祝福，盡己所能幫助更多人找回健康、保持健康！

05 前進中國大陸

打開在大陸的知名度

因為出書之緣，讓我在馬來西亞有了長足的發展，也為前進中國大陸埋下了種子，兩地的發展幾乎是同時並進，電視螢光幕讓我被推到大陸觀眾的眼前。

2010 年，我開始到馬來西亞和新加坡宣傳新書，上了當地許多廣播節目。這時，我跟朋友偶然間聊起大陸的電視圈，他說：「如果你有機會上大陸的電視節目，一定要上湖南衛視台，這個電視台在大陸超紅的！」豈料三天後，我太太小如居然接到湖南衛視的邀約電話，一時還以為是詐騙集團。原來電視台先找了潘懷宗博士，而潘博士又推薦了我，才有了這次的機緣。

同年 10 月，我第一次和潘博士到中國的湖南衛視錄影，成為該台《百科全說》節目的來賓。我和潘博士將台灣節目活潑的氛圍帶進了內地節目，間接也讓健康

節目生活化，我還成了兩岸三地第一個公開在媒體上講述咖啡淨化法的人。

沒想到，我錄的這幾集節目竟在大陸一炮而紅，知名度也跟著水漲船高。

由於第一次在電視上的表現不俗，後來又有節目找上門。其實製作單位也很在意來賓的談話內容，尤其談到健康相關話題，更是小心謹慎，深怕來賓會妖言惑眾、亂傳偏方，就像有一年，大陸有位專家謠傳生啃茄子可以減肥、綠豆水可以治癌，結果轟動全中國，後來被踢爆那位專家只有國小畢業，其理論完沒有醫學根據，被媒體和民眾大加韃伐。

類似的事件我都引以為戒，我的言談理論一定有憑有據，而且是以一個實踐者的角色在分享所學，論述和示範都自成一格，因而逐漸有了口碑。

之後陸續又上了廣東、深圳、河南、湖北、上海等地的電視節目，最後終於進到全中國收視人口最多的中央電視台，成為《天涯共此時》節目的專家來賓，分享養生心得。

2013 年則是更上一層樓，是對我個人的一大挑戰，我在陝西電視台主持了一個生活類養生節目《曇集娛樂

令》，以活潑的娛樂化形式談養生，每週六晚上播出一集，這也是第一個在台灣製作的大陸節目。

在中國大陸打響名號之後，也引起當地出版界的注意，後來東方出版社主動跟我接洽。2011 年 11 月，我的簡體版作品首次在大陸上市，10 月底我便提前動身前往北京，在北京農業展覽館的食品展上開了新書發表會暨演講。

演講場地礙於空間有限，聽眾人數大約只有一百多人，卻是全展最爆滿的一場演講，成功打響在大陸書市的第一仗，給了我極大的信心。

2012 年 3 月，在東方出版社安排下，我又飛到上海辦簽書會及巡迴演講，此後我的演講行程一個接著一個，不停受到大型企業或醫療單位的邀約。

早期我的演講地點多在沿海各省，後來愈來愈往內陸省分前進。並且與不少大陸知名人士同台，例如胡姍老師，她可說是大陸有機界指標性人物，地位相當於台灣的雷久南博士。

2012 年我還陸續接到不同有機連鎖企業的邀約，以「好油的觀念」為題到當南京演講，現場聽眾人數高達八百多人，之後再到廣州，聽眾人數更是超過千人。

我所看到的中國有機產業

在有機產業方興未艾的中國，有機商品被民眾視為有錢人才吃得起的奢侈品，不像在台灣或西方國家那樣，被列為生活必需品。由此可見，唯有國家的整體經濟上揚，貧富差距縮小，有機商品才有普及化的機會。

如果說星馬地區有機產業的發展是台灣五年前的狀態，那麼中國大陸則是處於台灣十年前的狀態，尚在萌芽階段，消費者才剛開始了解「什麼是有機」而已。

然而因為大陸地大物博，土地的取得和人工都很便宜，未受污染的人煙稀少處也多，很適合栽種有機作物，在亞洲握有上千萬公頃的有機栽培面積，要開發種植有機蔬果、或豢養有機家禽家畜的有機農場，隨便就可以有幾千畝地。所以相較於歐美及其他亞洲國家，大陸的有機市場確實是剛起步，但卻已經是全球重要的有機食品原料的生產者了。

另一方面，大陸的優勢在於人口多，只要有 1% 的人購買有機食品，就成了人人爭奪的市場大餅。

中國周邊如印度、泰國、印尼和越南已逐漸成為有機食品重要的生產地，但這些地區的內需市場並不大，

而日本、南韓、台灣、新加坡和香港這些吃得起有機食品的地區，生產量又太少，仰賴進口；一個有機發展強國不僅是生產大國，更應該是消費大國，而中國得天獨厚，具備了兩者條件。

但中國大陸也有自己的問題，黑心商品浮濫，想要求大陸一般產品要兼具衛生、安全和健康，已經不容易了，更何況是標準嚴苛的有機商品？這種不擇手段極欲發展經濟的渴望，也可能拖住成長的腳步，使得大陸的有機市場推廣不易。

根據我的觀察，目前大陸需要有人教育消費大眾正確的有機生活觀念，提昇消費者的健康和環保意識。與日、韓、台灣相比，大陸的農業基礎較差、農民教育程度和法律意識也較低，因此不能盲目追求有機食品的發展速度，一定要以適度規模，並且適應國情與農情，重視農產品的品質與安全，如此一來有機產業發展才能穩定成長。

除了演講、出書、上媒體，我也十分看重大陸的有機市場，希望「自然法則」在台灣站穩腳步後，能將台灣經驗複製到大陸。在地大物博的中國大陸，「自然法則」將會有更大的規模，我心中已有了藍圖。

06 用有機飲食
　　療癒地球

真正的有機是與生活結合

2012 年，中原土木系上舉辦了 18 年來第一次大學同學會，拜臉書之賜，三位班代號召了 80% 的同學，花了一年時間籌備，特地選在我們當年新生報到的 9 月 8 日舉行同學會，還跟學校借了土木系的禮堂，邀請了系主任和所有老師參加。

當天每個人都走一遍當年的報到程序，在同一時間去報到處簽名入席，有些同學甚至還記得 18 年前入學時，自己坐的位置在哪兒！眾人坐定後，再模擬新生報到那天一一上台自我介紹一分鐘，大家一起重溫舊夢非常有趣。

那天同學們個個攜家帶眷，我也帶著三個小孩去參加同學會，大家很久沒見，早已變了模樣，許多同學都當了建設公司的老闆或高階主管，經常抽菸喝酒應酬，

不是有高血壓就是膽固醇過高。結果女兒襄襄看到容貌身材走樣的他們，竟童言童語地表示：「爸爸，他們怎麼長得跟阿公差不多啊？」

這麼多同學之中，除了一位當了律師之外，只有我改行從事有機飲食業，感覺歲月沒有在我臉上留下太多痕跡，同學們紛紛請教我養生之道，爭相問我：「小明，你平常都吃些什麼？身材怎麼這麼好？」

「什麼都吃啊！」這是真的，我連啤酒都喝。

「你跟我們吃的一樣？那我怎麼會吃成這樣？」

「我跟你們不一樣的是：我吃東西有很多細節，這是你們沒看到的。什麼先吃、什麼後吃，什麼多吃、什麼少吃，都要注意，吃的順序、分量、結構不一樣，結果當然就會不一樣。」

從事這個產業最有意思的是：工作就是在分享生活。要讓有機飲食落實在生活裡，不只是曲高和寡的理論，方法還是在「實踐」二字，學得再多、懂得再多卻不肯身體力行，一切也是枉然。

不論是上電視、公開演講或在社大教課，我都儘量將健康知識與生活習慣結合，鼓勵觀眾或學員實際動手做，讓全家人開始「講究」食物，用「心」去感受天然

食物的美味，讓身體記住食物的真滋味，才能為健康做最有效的把關。

改變健康，改變環境，就能改變地球

長年出國在外，每到一個國家，我一定會去逛當地的傳統市場，了解他們的飲食結構，看看當地人都吃些什麼東西，到底乾不乾淨、衛不衛生？到馬來西亞，就吃他們的咖哩料理；到新加坡就吃肉骨茶；到陝西就吃泡饃。

唯有品嚐當地的食物，才能了解當地飲食文化，理出其飲食的問題何在，然後對症下藥，告訴當地民眾怎麼吃最健康。

反觀台灣，我看到的卻是：許多傳統飲食對國人造成的健康傷害。生活忙碌而外食選擇又多的台灣人，大多數對飲食的要求都是「有吃飽就好」，三餐經常隨便買個便當、買碗麵吃吃就打發了，殊不知人體的成長就像蓋房子，如果偷工減料，地震一來房子就塌了，隨便亂吃只會讓身體愈來愈糟。

所以人最重要的是先改變自己，只要改變了自己的健康，不要亂吃東西、亂製造垃圾，就有可能改變這個

環境，就有可能拯救地球。

勿以惡小而為之，不要認為吃點人工香料沒關係、喝點反式脂肪、人工色素是小事，每天這也沒關係、那也沒關係，長期加起來，關係就大了！

觀眾朋友告訴我，為了怕生病，許多人是抱著「不得不為之」的心態在吃有機食物，大家共同的心聲都是：「有機好難吃哦！」沒錯！不好吃的東西大家怎麼會想吃？就算為了健康勉為其難吃上幾回，也無法持之以恆，最後還是難敵一般食物的誘惑，又回到原來不健康的生活。

要吃美味而不健康的食物，那樣的選擇實在太多了，但健康卻不美味的食物，又讓人敬而遠之，偏偏改變一個人的飲食習慣很難，強迫人們不吃一般食物，改吃苜蓿芽、喝精力湯更難。這是我多年來的體會，就連跟在我身邊的家人都不容易做到完全有機，更何況是其他人？

日子久了，我不禁想到：一直苦口婆心地說教也不是辦法，何不反其道而行，把美味的傳統食物變得既美味又健康呢？

因此，近年來，我一直在提倡「傳統美食健康化」，

強調有機飲食和美味口感不必有所衝突，只要從食材的挑選、加工、烹調、到吃東西的心情等關鍵點逐步改善，每一個環節多加注意，就能找回自癒力，比別人更健康。

所以，我花了許多心思研究臭豆腐、蚵仔麵線要怎麼吃，才能更健康？什麼樣的食材可以替換掉？酸辣湯、滷白菜要怎麼煮才能阻毒？經我親身體驗後察覺，留下好的成分，去掉壞的成分，只要多用點心，要讓料理兼具健康與美味就不是難題。

舉例來說，我煮的酸辣湯跟外面賣的味道一模一樣，但熱量卻只有後者的十分之一！因為我以黑木耳漿取代太白粉，黑木耳具有膠質，能形成勾芡效果，又可以清腸；滷白菜則以有機豆漿滷製，再加點糙米粉讓白菜不會那麼涼，增加營養價值，即使不加味精，也能不失傳統美味！唯有學會如何以健康的方式享受美食，才能活得健康又有樂趣。

教導兒童正確飲食的小技巧

做我這一行的，永遠離不了「吃」，我不特別愛吃，卻是個很會吃的人，但依然維持瘦削的身材。常常有人

問：「王老師，為什麼你怎麼吃都不會發胖？」我總是回答：「我不挑嘴，而且葷素不拘，我不是不食人間煙火，只是知道怎麼吃比較健康而已。」我若勉強自己不吃肉會有壓力，那我就不會這麼做，但我知道要吃什麼肉比較乾淨健康。

我們一家都是有機的支持者，尤其是我的小孩，從在媽媽肚子裡就開始接受有機飲食，為了培養下一代正確健康的飲食觀，我和太太打從孩子出生後，就更加注意飲食方面的小細節，希望孩子們能從小建立正確的飲食習慣。

例如，偶爾我會讓他們喝珍珠奶茶，但一定選加鮮奶而非奶精粉的珍珠奶茶；我喝咖啡搭的是鮮奶而不是奶油球，加的是紅糖而不是白糖。多下了這層功夫，就比加奶精、白糖的人少了一些中風的機率。

我的小兒子今年小二，就能成功投籃，伏立挺身可以做二十下，仰臥起坐也可以做個二、三十下，因為吃有機食品的小孩底子好，從小很少生病。現代很多小孩子不吃五穀飯，我家小孩卻都是吃五穀飯長大，隨便打個有機蔬果汁，他們也喝得津津有味，市面少見的苜蓿芽、甜菜根也都照吃不誤。

其他人不這麼吃是因為不懂，不懂沒關係，只要被教育了就會開始注意，我到世界各地演講，分享的就是這樣的概念，因為不管是哪一種人，只要吃對了就會健康；吃錯了，即便是再怎麼優異的人種，也難逃病魔的侵襲。

　　我對我的小孩還有一個特別的要求：「沒有吃過的東西不可以說不好吃。」只要沒吃過，就算是榴槤、臭豆腐，也不能說不好吃，如果吃過了覺得不好吃而不吃，那我可以接受，因為食物好不好吃很主觀，但食物營不營養卻是可以客觀判斷的。所以，面對食物時，千萬不要有先入為主的成見，多方攝取不同食物的營養，給自己一個贏回健康的機會。

遵循自然法則才是有機

　　人應該要吃自己生長地的食物，不要吃太多外來食物，才會比較健康，因為本地食物跟本地人的屬性比較接近，所以居寒帶的日本人到亞熱帶的台灣玩，很容易就會腸胃不適，因為寒帶和亞熱帶所產的食物不同，這也就是自然粗食派所謂的「一物全體」與「身土不二」的原則。

北極是一個只有肉的地區，根本不產蔬菜，想吃也沒得吃，而愛斯基摩人一生很少吃蔬菜水果，照樣活得好好的。為什麼他們不吃蔬菜也能活？

　　原來因為愛斯基摩人每天都吃生機飲食。在現代家電尚未進入北極之前，愛斯基摩人都吃生肉，或是發酵過的肉類，很像中國人早期的火腿或臘肉，完全沒煮過就直接切來吃，按理說吃那麼多肉應該會有相關疾病，但只吃肉的愛斯基摩人卻安然無恙，沒有什麼心血管疾病，原因正是他們吃了許多生食酵素，使得肉類變得很好消化，如同人體對生魚片和炸魚排的消化程度就大不相同。

　　「吃」是一種教育的過程，如何引導人們正確健康地吃東西，是我從事這一行的使命與角色。預防永遠勝於治療，因此我的任務就是要幫助大家採取正確的飲食方式，讓人們遠離致病因子，減少生病的機會。

07 有機未來，大有機會

有機產業，前途無限

自從 2008 年經濟危機以來，全世界的農業都在改變，有機產業更是蓬勃發展。根據統計，近十年來，美國有機產業每年有接近 20% 的成長，從十年前的幾十億美金的產值，到現在的 250 億美金，成長數字令人咋舌；2010 年，美國的有機食品的成長率為 8%，而傳統食品的成長率卻只有 1%。

到目前為止，全世界沒有任何一個產業的成長率比有機產業還高，就連高價位的汽車業、當紅的電子業、手機業都望塵莫及，美國最大的有機超市健全食品超市（Whole Foods Market）股價成長一度超過 3000%，每年都是《財星》（*Fortune*）雜誌各項企業評選的常勝軍，遠比星巴克的股價還要高。

16 年前我開始從事有機產業時，台灣有機產業大

概只有兩、三億的市場而已，目前台灣有五十億台幣的商機，而中國大陸有機產業則有六、七十億人民幣的產值。根據農委會統計，截至 2011 年底，台灣有機農田面積每年以 15% 的幅度成長，這顯示出台灣市場有極大的潛力和成長空間。

除了日本之外，在有機產業中，台灣早已在亞洲居領導地位，我在馬來西亞就經常看到來自台灣的有機穀粉、餅乾等商品。尤其在全球最大的市場——中國，台灣產品更是佔盡優勢。

目前，有機食品不再是精緻小農、小型專賣店的專利，數百億的商機吸引了許多大企業的關注與投資，不少大型財團也開始跨足這個產業，例如統一集團接手聖德科斯、中天科技和潤泰集團入主棉花田、佰研生化科技入主「無毒的家」等等，台灣所有具規模的有機連鎖專賣店，幾乎都由大型企業當家經營了。

國人眼中的「有機」

早期在台灣，「有機飲食」總被定義成吃素、吃芽菜或喝精力湯，連雞鴨魚肉都算不上有機食品，但這些看法都過於狹隘。年輕人總認為「吃有機食物」是阿公

阿嬤的事、是重症病人的飲食處方，跟自己無關，因此他們無法了解健康飲食的奧義，也不想花力氣了解。

　　加上一開始有機蔬果的長相較差，價格又比較貴，部分有機商店的工作人員還會教育消費者：「長得醜是因為有蟲吃，有蟲吃就表示沒灑農藥！」殊不知在國外的有機食品展上，隨處可見芹菜、青椒、茄子等蔬菜，個個色彩鮮豔，完整無暇，其實有機蔬果本就應該鮮甜飽滿，因為健康無毒，當然就長得漂亮好看，那才是天然食物應有的模樣。

　　吃有機食物不是趕流行，部分店家為了追求潮流而開店，沒多久便因經營不善而關門大吉。這個行業需要的是專業知識與個人理念，若只是為了趕時髦或貪圖獲利，往往不足以支持營運。民眾可能因為一時好奇而走進有機商店，然而會留下來持續消費的卻是寥寥無幾，可見有機市場也需要消費者具備足夠的知識與理念。

　　除了對「有機」的認識不清之外，國人經常將「有機」與「昂貴」劃上等號，消費者多半是高社經地位和高所得族群，其中以軍公教、資訊業、護理人員和家庭主婦為主，最常購買的產品是水果、蔬菜和穀米，而且只買固定品牌、商家和認證的產品。

時至今日，局面已然改觀，以蔬菜為例，目前專賣店每包有機售價大概在 35 至 45 元，已在消費者可接受的範圍內。而且有機菜價比一般菜價來得穩定，因為施用化肥的傳統農法成本逐年攀升，有機作物部分以設施栽培，價格不易因天災或颱風而暴漲。

　　同時政府近年來也大力推廣有機產業，鼓勵各地成立有機產銷班，而原先的有機小農也一再影響附近農戶，一起從事有機栽種，擴大了生產面積。如今許多地區都建立有機農業專區；而全國各地閒置的土地，也可由中央或地方政府居中協調，以便宜的價格承租給願意從事有機耕作的農民。此外，大型企業及宗教團體也投入大規模有機栽種，台塑的楊梅有機農場土地面積 39 公頃、鴻海在高雄的永齡有機農場佔地 62 公頃，以及智福法人事業的慈心農場等。

　　而有機通路也陸續進駐超市和量販店，大型通路因為有規模經濟的優勢，足以提供物美價廉的商品，2012 年 6 月，全聯超市與有機農場契作，於全台四百多家門市販售有機蔬菜，每包均一價 29 元，銷量從一開始的每週四萬包上升到每週七萬包。政府政策和民間通路無不以量產降低產品單價，有機農產品已不再遙不可及。

有機不只是飲食，而是一種生活，只要你想得到的食品、飾品、日常用品，都可以無毒，都能有益於人體。健康的唯一法門就是避免無知和疏忽，當你了解有機的真義，就會願意打從心裡開始過有機生活，這也是我現在努力要讓消費大眾理解的。

我知道以一人之力很難扭轉偏頗的集體認知，但至少我可以從自己開始做起，教育我的員工、學生和客人什麼是真正的「有機」，這只是一小步。透過媒體推廣有機概念卻是一大步，用這種高效率的方式，讓接受的人愈來愈多、層面愈來愈廣。

進入有機產業，永遠不嫌晚

儘管全球有機市場前途無量，台灣的有機人才卻處於青黃不接的狀態，有機產業沒有專門培養的管道，人才的養成多半像我這樣師父帶徒弟，一步步學來的。

認真說起來，大概只有營養系、農業系相關科系比較接近這個產業，遠一點的如休閒觀光、餐飲旅館系也可以沾上一點邊，其中以營養系畢業的學生最適合成為有機產業人才，因為要經營推廣有機，必須要有基本的營養和生理知識，營養系的學生已有基礎，只要教導他

們有機的觀念，再稍加訓練就能上手，否則從無到有教到會，可能要採學徒制，熬上個二、三年了。

以我的有機店「自然法則」為例，年輕的工作夥伴多半待不住，他們無法感受有機的價值，有機食品到底好在哪裡，他們不能理解，也講不出來，無法回答客人的問題，分享起產品也就沒有說服力。年長的媽媽們體力又不夠好，無法長時間工作，或因為有家庭要照顧，上班時間有限，人力青黃不接是有機產業的一大困境，而人才的培育更是一大挑戰。

我希望能透過這個機會，告訴現代的莘莘學子：人生其實有很多選擇，有機產業就是其中一個，因為在這個不景氣的年代，你很難找到一個可以兼顧家庭、生活、健康，同時又可以成為終身志業的工作，只要你願意去認識、去嘗試，絕對有意想不到的收穫與回饋。

我也想告訴每一個找工作的社會新鮮人，或是想換工作的職場老鳥，有機產業有著大好前途與錢途，無論你選擇什麼行業，都離不開「健康」，因為不管你從事什麼工作，都必須有健康的身體，只要追求健康，就一定和飲食脫不了關係。

既然這個行業處於人才短缺的狀態，當然就是卡位

的最好時機，從十幾年前我開始從事這個行業至今依然如此，尤其現在很多台灣的有機人才都被挖角到大陸去了，已經有好幾位有機加盟店長被大陸有機連鎖體系聘為副總及採購經理。

台灣的有機產業長年來一直是「事求人」而非「人求事」，近年來更是成長迅速，只要投入時間與心力，它絕對可以成為一個回饋豐富的終身事業與志業。

有機產業的三好原則

著名動物保育人士與環保鬥士珍·古德（Jane Goodall）博士有一篇文章，令我深受啟發，其中一段描述更是讓我大為感動：「每一餐改變世界，每個人一天有三次機會改變世界，重點是，你吃什麼東西，全是你自己的選擇，如果只有你一個人每天選擇比較健康的食物，當然不會造成多大的不同，但如果一百萬人做同樣的選擇，就會造成很大的不同，愈多人開始做些改變，就有愈多農民會被激勵用無害的方式種植或養殖……」。唯有從自身做起，逐漸擴大到群眾，才能帶動這個人與土地的正向循環。

早在「無毒的家」時期，我就一直在推廣這樣的理

念，後來我有機會到佛光山人間大學講課，聽聞星雲大師長年倡導的「三好運動」：說好話・做好事・存好心，我非常認同，但這是比較偏重精神層面，那麼在物質層面，我們該怎麼做才能過得更健康和諧呢？於是我推演出了「健康飲食三好運動」。

所謂的「健康飲食三好運動」指的是：吃有機無毒作物對食用者、對生產者、對環境都好。

「凡事先想到自己」是人的天性之一，人為什麼會想吃有機食物，首要原因都是為了身體健康，有機食物無藥物、荷爾蒙殘留，就能減少致病風險；而且有機蔬果的風味濃厚，保存期也較長，「對食用者好」絕對是無庸置疑。

我們祖孫三代都出身農家，支持農民是我們天生的使命，現今農民多半仍是被剝削的弱勢族群，唯有教育農民種植高產值的作物，才能改善農民生活。

一般人經常認為，有機栽植比一般農業的成本要高出許多，但農夫從事幾年有機耕種之後，往往發現農地土質變好，比以往有養分，也更能留住水分，不用再支付施加化學肥料的昂貴成本，同時可以活化地力。加上有機農作物種子比一般基因改造種子便宜，無論在環境

面或經濟面，從事有機農作生產，都是較佳的選擇，不僅僅在保障農民的收益，另一方面也保障農民自身健康問題，這就是我所謂的「對生產者好」。

種植有機作物不得噴灑農藥、化學肥料，可避免農藥殘留在土壤裡，或流到河川、湖泊、水庫，降低環境污染。加上適當的休耕期，讓土地得以恢復地力，就是對生態環境最佳的貢獻，重視健康和食品安全，就是對保護環境盡一份心力，當然就是「對環境好」。

有機化的過程其實是一種供需的平衡，食用者要求吃有機作物，生產者自然會提供有機作物，在供需的過程中保護了環境，最終達到利己、利人、利他，這也是有機產業最重要的精髓。

台灣有許多農友很用心在栽種或培育各式農產品，他們需要一個被欣賞、認同的舞台，也需要有個平台能夠等值販售他們的作物，保障農友的收入，以防受到盤商的剝削，而有機店也能因為盤商抽成的減少，降低進貨成本，提供消費者合理的價格，創造多贏的局面。

所以，這幾年我一直致力於開發新的有機農場，我希望「自然法則」成為一個傳遞健康食物與觀念的園地，不僅為消費者的健康把關，更能扮演支持有機農業

的平台角色。有一天,當「自然法則」大到一個規模,就可以變成一個小農的通路,即使只有一分地,也可以提供小農合理的保障價格,請農友按照我的想法與標準栽種有機作物,收成之後再全部買下。有這樣的平台支持,農民才會繼續生產更有價值的作物,為台灣的有機農業發展盡最大的心力。

夢想擁抱全世界

我的有機超市夢

在美國,任何人都可能去健全食品超市採買,不獨銀髮族或重症患者,更不是有錢人的專利。這間全美最大的有機連鎖超市和一般超市一樣,也賣餅乾糖果、牛肉烤雞等食物,不僅非常美味,而且種類包羅萬象。

包山包海的健全食品超市,從此成了我最大的事業目標。

在台灣,多數有機商店規模都不大,健全食品超市完全顛覆了我對有機店的既定印象,店面寬敞、貨色齊全又漂亮,乾貨和生鮮蔬果區的商品排放得井然有序,而且色澤鮮亮,菜葉甚至還沾著露水,加上琳瑯滿目的天然生活用品齊聚,整座超市布滿了貼著 Organic(有機)字樣的商品,令人眼花撩亂。

與台灣不同,美國的有機店並不特別強調吃菜茹

素，健全食品超市販售各種肉類、海鮮，還有起司、現場烘焙的咖啡豆、甜點、葡萄酒、維他命等等。每一項產品均具備完整的產銷履歷和環保認證，而且品牌眾多，光是「鹽」這一項小小調味料，就有二十多種牌子。以明尼亞波利的健全食品超市為例，就有超過五萬件商品，而這還不是健全食品超市最大的門市。

健全食品超市明明是大賣場，店內裝潢卻有如精品店的設計風格，自然沉穩的木質貨架、優雅的燈光，賣場裡播放的還是古典音樂，難怪會被譽為「超市中的星巴克」、「農業精品名牌店」。

每到用餐時間，健全食品超市還會提供各式現煮餐點，儼然就是一座小型的美食廣場，幾十位全職廚師忙著料理各種有機熟食，從義大利麵、漢堡、披薩、壽司、沙拉到餐後甜點一應俱全，讓消費者購物之餘，還可以在店外的桌椅區輕鬆享受健康的有機餐點。

健全食品超市可不只是賣東西而已，他們將自己定位為「顧客的營養師」，要求商品要有完整的生產履歷，並符合美國農業部對有機的標準：以天然技術栽培、不使用有毒化學肥料的農產品；提供乳製品和肉類的牲畜，不可施打抗生素或餵食化學肥料栽種的飼料。

每個要成為健全食品超市供應商的有機農戶，都必須填寫 39 種表格，讓健全食品超市了解所有細節，包括如何餵食、放養、清潔動物等。甚至包裝和蔬菜的尺寸都要計較，採購人員會花時間告訴農家，上哪兒找純天然墨水印製的標籤，為什麼得更換屠宰場產品才能被接受等等，其用心可見一斑。

　　除了全國一致的產品之外，健全食品超市也會因地制宜，與當地的小供應商合作，每家超市的貨架上，至少都有 10% 至 15% 的當地產品，在收成旺季，當地產品甚至高達七成。不僅照顧當地農民，提供最新鮮貨源，也可以減少運輸機會，達到減碳目的。許多當地農民還因為供貨給健全食品超市，得以償還土地貸款，並擴增土地，改善家庭經濟狀況。

打造東方版的健全食品超市

　　對長年在有機產業打拚的人來說，健全食品無疑是所有人追隨的典範，更是我個人最大的夢想，事業最終極的目標。

　　過去幾年，一直有台灣廠商透過美國在台協會，極取爭取健全食品進駐台灣，卻始終沒有下文。我個人認

為，目前台灣的市場太小，撐不起像健全食品超市這種規模的有機店，台灣沒有那麼多上下游供應商，在地商品也不夠多，近五年內還養不起類似這種規模的企業。

放眼亞洲，恐怕只有中國大陸的市場能夠容納健全食品超市，因此我把夢想放在中國大陸，有朝一日，也能將「自然法則」這個品牌以健全食品超市的規模，複製到中國大陸，只是目前時機尚未成熟。

健全食品超市雖然包山包海、無一不缺，不過在我看來卻太過商業化。我理想中的大型有機超市，並不是完全複製健全食品超市，而是要跳脫美國人的思維，再加入東方元素。我想要將在地美食健康化，並且更人性化、生活化。例如日本手作有機商品的古樸感覺就很不錯，我的超市就可以在賣場擺上一小甕一小甕的泡菜、一碟一碟的小菜等，就像傳統市場秤斤論兩地賣，充滿了人情味。

農產品也會與在地農場契作，以支持當地有機農業的發展，並以東方食材為主，發展適合東方人口味的熟食區，輔以部分西式餐飲，滿足廣大消費群。

健全食品超市的熟食區賣的是美國人三餐吃的東西，包括漢堡、炸雞、披薩、甜點等，無法成為東方人

的三餐主食，我就可以換成有機饅頭、包子、水餃，按照華人的飲食習慣及口味，開發東方的有機餐點。吃不慣西餐的老人家，可以選擇有機牛肉麵或滷肉飯；不喜歡吃五穀飯的小朋友，就提供有機義大利麵，讓全家大小都能在這裡吃到喜愛的美食，緊緊把握住任何一個幫助大家認識有機飲食的機會。

這也是我目前在自己經營的「食樂廚房」有機餐廳裡，嘗試各國不同菜色的原因，除了排餐、義大利麵等西式餐點，也提供中式麵食、甜點、火鍋，並以有機的食材和健康的烹調方式，研發出老少咸宜的菜色與口味。誰說有機飲食只是銀髮族的專利？只要用點心，年輕人也能享受有機飲食的美味。

除了既有的生食區、熟食區、沙拉吧、生鮮食品、保健食品、加工有機食品之外，我還想結合文化創意，用想像力打造出獨有的空間，以說故事的方式去做商品陳列，讓有機超市更具生命力，用美學與文化打動每一位客人。在我的想像中，我的店不僅要滿足客人的口欲，也要帶給人們視覺、聽覺、嗅覺等不同的體驗，讓所有感官都能得到滿足。

在中國大陸建立一個東方版的健全食品超市，將是

我下一個十年全力衝刺的目標，當前的十年則要積極做各方面的準備與部署，想要成就這番事業，絕非我一人之力所能為，必須要與有專業有理想的團隊共同努力。

我一直強調，「有機」不是一個名詞或一個標準，也不只是在談吃吃喝喝，而是一種生活態度，包括優質的睡眠、適度的運動、健康的心理，甚至涉及一個人的行為模式、家庭背景、親子關係，必須落實到全面生活之中，全數被照顧到。

同時也要改變舊有的想法和觀念，讓自己的生活方式反璞歸真，尊重天然的生態系統與循環，並支持在地的有機食物，讓購買變成一種力量，影響國家政策走向和農民生計，創造完整的有機環境，才能成為一個真正的有機人！

後記
遇見生機

　　從事養生保健行業的人，一切都講求平衡：陰陽平衡、酸鹼平衡、冷熱平衡、生理和心理也要平衡，不僅身體要排毒，心理也不能放過。在研究身體健康十幾年後，我也開始對心理研究感興趣，想要深入探索這個領域，以達到真正的身心靈平衡。

　　2004 年，我報名參加了嘉賓國際有限公司舉辦的知見心理學課程，沒想到一試成主顧，連續好幾年，平均每年都會上兩三次課，密集一點的時候，甚至兩三個月就上一次。

　　此後我只要有機會，必定排除萬難去上課，努力開發自己的潛能與視野。印象最深刻的是知見大師恰克博士（Chuck Spezzano）親自來台帶領的課，我們在台東鹿野上了七天六夜的工作坊，那一次的課程讓我有了前所未見的經歷。

　　那天課程練習中，當我看著對方的眼，感覺逐漸沉澱，就在無意識的恍惚中，突然感知到一幕畫面：一位

馳騁沙場、驍勇善戰的將軍，在大敗敵軍殺得屍橫遍野之際，得意地站上山頭，高舉勝利的大旗，享受完這光榮的一刻後，便領軍回國，一切立刻又歸於平淡……。

這位將軍是誰？身處哪個朝代？我一無所悉，但心底卻清楚地知道，那個將軍就是我！我以前從不相信人有前世今生，但在那一剎那間，我毫不猶豫地認定那就是我的前世，雖然無法以科學驗證解釋，但我就是知道自己正是那畫面中的主角。

回想以往我學過的任何一種運動，總是盡全力練到最好，在比賽中獲得獎牌，然後全然放下，重新再學另一種運動；事業亦是如此，固定的歸零模式總是一再地出現。

我這才領悟，原來我的人生模式就是不斷地挑戰自己，雖然一再踏上不同的征途，但如此豐富而充實的人生正是上天賜予我的禮物。

朋友聽了之後問我：「生命歷程一再歸零，這樣不覺得委屈嗎？」

我的答案是「不」。當年在工地受傷，我沒有怪過任何人，也不曾產生過一絲想要求償的念頭。雖然是慘痛的意外，反而給了我重生的機會，感謝上天給我的考

驗，讓我能重新探索生命的意義。

擔任加盟店主，與「無毒的家」合作破局的那一刻，我大受打擊，幾乎三天三夜沒有闔眼，心中不停地想著「該怎麼辦？以後的路該怎麼走下去？」豈料沒過多久，我自己當上了老闆。接到湖南衛視錄影邀約電話的時候，我還以為是詐騙集團出了新招，傻傻上了飛機直到機場還在確認這一切是不是真的，居然因此開展我在另一片土地上的事業。

每每遇到危機，過了一陣子才發現其實是轉機，生命的考驗從來就不溫柔，沒有危機，我就不能變得比以前的我更好。

原來遇見危機就是遇見生機。

從那以後，我開始相信吸引力法則、相信正向思考的力量，每天都會做一件感動自己的事情，不管是看到日出，或是聽到一首喜歡的歌而起雞皮疙瘩，甚或對著家中的花花草草微笑，都能令我快樂地度過一天。

剛開始的起心動念只是為了「求知」，沒想到幾年的課一上下來，不僅開啟全新的視野，對我的溝通能力和事業，更有始料未及的助益，希望每個人都能像我一樣幸運，透過不斷的學習，遇見未知的自己。

附錄一
王明勇的 24 小時有機生活

01 有機飲食 Q & A

Q：什麼是有機？

A：俗話說，「病從口入」，我們人體約有 65% 的疾病和吃有關。現代人對於飲食健康的看法，常常是「無知」與「疏忽」，不是對健康知識不了解，就是未能實作施行，比如明明知道早睡才會健康，大家卻偏偏愛當夜貓子。

什麼是有機？簡單地說，只要在栽種過程中符合有機標準、生產製造過程中不添加任何有毒物質，所做出來的東西就是有機的。「有機」是一種健康的生活態度，有機生活就要做到「無毒」，有機飲食更是要堅持無毒有營養。因此，想要吃得無毒、活得健康，最重要的不是改變嘴巴吃的食物，而是要改變腦袋所思考的觀念。

我在演講的時候，常常有人問我：「全球污染嚴重，處處使用農藥，怎麼可能有不受污染的無毒

有機食品呢？」我的回答都是：「當然有可能！」
這幾年來我走遍世界各地的有機農場，研究有機農
業，親眼目睹許許多多有機農夫、商家和有志之士
愛護地球、守衛健康的決心與毅力。只要大家共同
努力，就能過優質的有機生活。

Q：有機飲食要怎麼吃？

A：古人曾經說過：嘴巴想要吃好吃的食物，這是難以
　改變的，但是我們可以儘量多多攝取應該吃的營養
　與食物：

　1. 未經過度加工的；

　2. 有機栽培的；

　3. 生食最好，現採洗淨後現吃的更好，加熱時間愈
　　 短愈好；

　4. 有天然香味的或特殊味道的；

　5. 顏色鮮豔豐富的；

　6. 要選擇不飽和脂肪；

　7. 可選擇植物性蛋白質及其製品；

　8. 要選完整未加工的碳水化合物最好是纖維素多
　　 的，如十穀米、糙米、燕麥。

至於不該吃的食物則是：

1. 動物性飽和脂肪或精製加工的油脂；

2. 經過高糖、高鹽醃製的食物；

3. 過度炒、炸、烤、煮的食物；

4. 有農藥、殺蟲劑、化學肥料殘留的蔬果；

5. 以抗生素、人工飼料加速其生長的禽、畜、魚鮮類食物；

(6) 隔餐重複加熱的食物。

健康飲食最好自己做，自己做的食物可以為材料、運送、加工方面把關，最大限度保證每個環節的安全衛生。

Q：有機飲食是有錢人才吃得起？

A：從表面上看來，有機食材的價格是一般食材的好幾倍，因此許多消費者覺得有機食材很貴，其實並不見得。我常說有機是一種生活態度，因為具備有機概念的人，知道選擇適合自己、能供給身體養分的食物，就不會有錯誤的飲食，也才不會造成浪費。垃圾食物雖然比較便宜，但是日積月累所造成的身體負擔、醫療成本和社會成本卻難以估算。

因此，大家雖然購買了價格較高的有機食材，三餐正常吃、重質不重量，所花的金錢其實不會比想吃什麼就吃什麼的人差多少，也由於不吃零食和垃圾食物，相對地省下了不少支出。

Q：吃有機食品是不是可以治病？

A：坊間有關有機飲食療癒絕症的成功案例很多，一般人對有機食品的印象多多少少還停留在「治病有神效」的印象中，但是有機食品真的要等到生病時才吃嗎？當然不是！

其實吃有機食品是預防重於治療，就像是買保險一樣，降低得病的機率。因此，有病還是要看醫生！有機食品可以提供更均的衡的營養和保養，為健康打好底子，或是生病後補充營養與能量的優先選擇，但絕對無法取代正統的醫療。

Q：是不是不能吃速食？

A：美國曾經做過一個實驗，讓成年人連吃四個月速食，模擬上班族的生活，結果參與實驗的人後來平均胖了 6 公斤，肝指數也都上升了，因為油炸的食

物對健康的傷害很大。然而現代人生活忙碌，外食族眾多，很難不吃到速食，吃速食的時候最好採取「三不三要」原則：

「三不」：每週不要超過一次、不要加太多的醬料、不喝碳酸飲料，儘量喝健康飲料。

「三要」：要養成運動的習慣，要改吃低卡低熱量的雞肉等白肉，要定期檢查肝指數。

Q：為什麼要發起「健康飲食三好運動」？

A：我之前曾經在佛光山人間大學授課兩年，十分認同星雲大師發起的三好運動（存好心、說好話、做好事），想將這個運動落實在健康飲食生活。另方面我也佩服環保鬥士珍·古德的理念：「吃東西可以改變這個世界，我們所吃的每一口食物都會改變我們的身體，同時也會改變這個世界」。種植與食用有機食物正好符合這個概念，所以我發起了提倡「使用者好·生產者好·環境更好」的三好健康飲食運動，希望透過三好運動幫助種植有機的農夫、選擇有機產品的消費者，甚或我們賴以生長的環境都會變好。

02 我的 24 小時有機生活

‧起床第一件事：溫綠茶漱口＆清呼吸道

每天早上起來，我會先用溫綠茶漱口當做一天開始的暖身操。

為什麼是綠茶呢？因為綠茶有氟可以保護牙齒，不僅能保留綠茶中天然的營養素和酸鹼度，還能抑制細菌消除口臭；而紅茶較容易將牙齒染黃。所以我每天都先用溫熱水沖泡綠茶漱口後再刷牙。不一定要用現泡的綠茶，也可以用隔夜茶加熱水，注意不要吞下去就行了。

另外，夜裡入睡時，鼻腔裡的絨毛會將鼻腔裡的分泌物推到呼吸道上，所以一早起來呼吸道會有許多分泌物，抽菸的人尤其如此。所以我在刷完牙之後會清理上呼吸道，刻意地把痰咳乾淨，並且擤鼻涕清理鼻腔。

‧喝第一杯水：好水加四分之一顆的檸檬汁

我非常重視每天早上的第一杯水，這可是喚醒全身力量的第一步！早上起床時是人體溫度最低的時候，這時喝一杯溫開水能改善身體的虛涼，還能促進腸胃的蠕動，幫助排泄。

我會在每天早上喝的第一杯溫水中（約 500cc），加入四分之一顆的檸檬汁或 30cc 天然的發酵醋，這樣做不僅能幫助腸胃的蠕動，還能叫我的身體「起床」，為身體注入一天的活力做好準備。至於有腸胃問題的人，如胃潰瘍、胃出血患者，則只要喝溫開水就好。

　　至於我所喝的「水」，當然選喝沒有細菌、病毒（喝了不會拉肚子），沒有化學成分（不會中毒），而且儘量是水分子小、含氧量高的好水。因為工作的關係我常常出國，即使人在國外，我也會選優質或大品牌的礦泉水來使用，有時候甚至還會自備濾水器，絕不會因陋就簡，疏忽幫助身體健康的重要細節。

　　除了早上第一杯水外，每人每天要喝足夠 2000cc 的水，我喝水口訣是「53535」，也就是三餐飯前的 30 分鐘喝 500 cc 的水，兩餐中間再喝 300cc；也就是說在三餐飯前半個鐘頭得喝 500cc 的水，早餐和午餐中間、午餐和晚餐中間再喝 300cc 的水，這樣就可以喝夠身體一天所需要的水。

　　喝完水後就是我的運動時間，我會做自創的「淋巴排毒軸線操」，以及一些加強腹部按摩、拉筋的柔軟體操。喝完水做運動，運動完就吃早餐，不僅可以鬆筋

骨，還可以刺激便意。這時一有便意就可以上廁所了，維持良好的如廁習慣可是很重要的！

‧早餐：不必太豐盛，有提供能量就好

　　一日之計在於晨，三餐之首在早餐。早上起床後半個小時，是吃早餐的最佳時機。

　　我認為健康均衡的早餐需要具備多元優質營養素：蛋白質、澱粉、脂肪、維他命、礦物質、酵素、纖維以及益生菌。而新鮮蔬果具有維他命多、礦物質多、纖維多、酵素多、水分多的優點，建議早餐時把蔬果和主食一起搭配著使用。

　　我的早餐通常吃「巴德維好油優格＋新鮮水果＋有機常溫蔬果汁／燕麥粥」，這樣便是老少咸宜、快速、方便、營養又均衡，而且可以達到排毒作用的早餐。

我常吃的早餐內容：

蔬果（一份）	碳水化合物（一份）	額外補充 （巴德維配方）
（根莖類）有機常溫精力湯或蔬菜水果汁、蔬果沙拉、各式新鮮水果	（全穀類）各種豆漿、燕麥漿、糙米漿、熱燕麥粥、全麥麵包、全麥饅頭	無糖優格（一碗約250cc）搭配亞麻仁籽均衡油（15cc）、綜合堅果（一小把）

對於需要用腦的學生和上班族，堅果是不錯的選擇。女性在早餐中可以適量選擇或添加一些補氣血的深黑色或深紅色食物，如甜菜根、紅棗、黑芝麻、黑木耳、黑豆、黑糖；而老年人則需要多增加一些酵素、益生菌和膳食纖維來幫助消化。

· **午餐和晚餐：四三二一健康飲食法則**

1. **「四三二一飲食法則」**：2011 年美國推出了一個健康的飲食原則，受到美國總統夫人密雪兒·歐巴馬的大力推廣，叫做「我的健康餐盤」。為了配合國人的飲食習慣，我把這個飲食原則進一步改良，取名為「四三二一健康飲食法則」。

   「四三二一健康飲食法則」就是把一個餐盤劃分成四等分，其中包含三份植物性食物（水果、蔬菜、穀物），包含兩份蔬菜、兩份水果、再加上一份動

物性食物；一份全穀類主食的麵或飯；成長階段的青少年則可以多補充一份乳製品或堅果類。

2. **吃飯的順序：**口訣是：「吃菜‧吃肉‧吃菜‧吃飯」。先喝湯或茶，吃飯中間不喝太多的湯湯水水，避免影響消化。然後再吃菜配肉、吃菜配飯，甜點最後再吃而且淺嚐輒止。另外要提醒自己：吃飯時千萬不要喝冷飲，不僅刺激腸胃還會影響消化，長此以往一定會造成腸胃道疾病而影響全身。

3. **吃無毒的蔬菜水果：**多吃一些天然無毒的蔬果，建議大家打一些根莖類的精力湯蔬果汁來喝，因為根莖類的蔬果具有比較強的能量，礦物質和鹼性都比較高，對於我們身體酸性物質的代謝會有幫助。

4. **常吃天然發酵食物：**人體腸道裡面有一些好菌，也就是統稱的益生菌，或者乳酸菌。想要排毒順暢一定要多吃一些天然發酵物，如優酪乳、水果醋，這些環保小尖兵都含有很好的益生菌。

5. **吃水果的順序：**早餐請搭配水果一起吃，中餐及晚餐則在飯前三十分鐘前單獨吃水果，吃完水果再用餐。至於木瓜、鳳梨和奇異果，因為具有特別的消化酵素，在飯後適量食用比較好。各種水果有不同

的功效，所以不要只集中幾個品項，建議搭配不同的水果來吃。至於血糖不穩定的患者或是想減肥的人，建議選擇甜度低、密度高（即比較硬）的水果如番石榴，如果番石榴的甜度一樣，則選擇口感較硬脆的，以此類推。

6. **冷油料理（冷爆香）**：我們家的菜儘量採取清蒸或水煮的方式拌黃金比例大蒜油，或者是用冷爆香料理（水炒菜），比高溫炒菜來得健康好吃！

   「冷爆香黃金比例蒜油」：將 6 至 8 顆大蒜切丁裝入乾淨玻璃瓶中，再加入有機冷壓粗榨橄欖油 100cc ＆有機亞麻仁籽油 200cc ＆有機葵花油（或天然葡萄籽油）100cc 置於冰箱冷藏一天。

‧ **彩色素什錦**

材料：材料一：將大蒜打碎 5、6 瓣，浸泡在橄欖油裡
　　　　　　　 12 個小時（冷油爆香）

　　　　材料二：各色蔬菜（番茄、花椰菜、豆子、彩椒、
　　　　　　　 番薯、洋蔥）

　　　　調味料：鹽、黑胡椒少許

做法：1. 先在鍋裡放一小杯水，將材料二切薄片放進鍋

中，開火煮滾

2. 水滾時立刻拿鍋蓋蓋住鍋子，鎖住水分和蒸汽，將食材瞬間蒸熟後關火

3. 灑上調味料，最後放入材料一，拌勻即可

說明：這道素什錦所選用的蔬菜，不僅範圍涵蓋蔬果的根莖花果葉部位，還具有青赤黃白黑等顏色的植化素，既好看更好吃。

·選擇食物的原則

1. 重視粗糙主食的攝取，全穀根莖雜糧類的食物，如糙米、燕麥片、全麥麵包等等。

2. 儘量購買有機無毒耕種之蔬果、芽菜或自己種植。農藥、除草劑、除蟲劑污染是導致疾病及臟腑受損的元兇之一。

3. 蛋白質食物選擇順序為豆→魚→肉→蛋。要怎麼選動物性蛋白質呢？請記得，沒有腳（海鮮類）的比兩隻腳（雞、鴨）的好，兩隻腳的比四隻腳（牛、豬）的好，中小型比人型來得好。

4. 輪流攝取不同部位、不同顏色的新鮮蔬果，以均衡各種營養及寒燥互補性，補充植物多種抗氧化物質。

每日要均勻攝取各種不同顏色的蔬果，而各種顏色的蔬果都有，感覺就像是雨後的彩虹般美麗，這就是所謂的「彩虹原則」。

5. 增加生食及食物中海藻類、蕈菇類食物的比例，因為海藻類、蕈菇類食物含有豐富的膳食纖維及鹼性微量元素。適度生食，食物中的營養及酵素才不會流失或被破壞。

6. 增加天然芽菜與種子堅果類的攝取（自己孵芽或調配）；發芽的豆類可將營養小分子化且降低普林，堅果及穀類種子胚芽可補充天然不飽和脂肪酸及維他命、礦物質。

7. 吃當季當令新鮮蔬果且儘量購買本地或鄰近地區小農所生產的食物。長途運輸往往要使用化學處理或輻照防腐，吃當季當令的食物可幫助農友公平交易既便宜、污染少且更符合大自然寒燥的互補性。

8. 多吃天然發酵食物，如醋、優格、味噌、納豆等等，補充體內的益生菌及酵素。這些天然發酵物不僅是日本長壽村的重要食物，也是維持人體腸胃道及免疫功能的重要物質。

9. 特別注意食品安全，減少食用過度加工以及含有過

多添加物的食品；例如精鹽、味精吃太多，會造成過多鈉元素影響礦物質不平衡及鈣質流失。同時「白米、白麵粉、白糖」這類三白食物也要減少攝取，加工愈精細、表面愈白的食品，營養損失得也就愈多，大量食用，久了還容易罹患慢性病。

10. 避免高溫油炸及反式脂肪酸的食物，以降低癌症、三高（血壓高、血糖高、血脂高）及腦心血管疾病的風險。

．睡前：咖啡淨化&淋浴&補充益生菌

1. 咖啡淨化：

我常常在演講和節目裡提到一句經典名言：「**欲得長生，腸要常清。欲得不死、腸中無屎。**」大腸是人體最主要的排泄器官，我們全身需要排出的廢物有 70% 以上都得靠大腸處理，它可以說是體內的垃圾處理場，也因此成為體內毒素累積最多的器官，大腸排泄不順，後果就像垃圾堆在家裡腐敗、發臭！我每天都在沐浴前用溫熱的有機咖啡液施行咖啡淨化，而且是愈累愈要做。今天的毒素今天清，做了咖啡淨化，不僅能清腸、止痛，促進肝臟排毒，還

能消除疲勞。我們全家大小，包括我的女兒很小的時候就因為誤食口香糖做過咖啡淨化了。

進行咖啡淨化的次數最理想為每日 1 次，最適合的時機為飯後 1 小時，約每次 15 到 20 分鐘。如果是剛開始進行的人，三天進行 1 次或有排便障礙時再操作即可。咖啡淨化有利尿作用，會讓電解質及水分流失，所以我會在淨化前後多喝水或新鮮蔬果汁。

2. **熱水淋浴及泡澡：**

為了確保水質清澈，加氯消毒是目前自來水廠處理的必要手續之一，雖然大部分的氯煮沸之後就會揮發掉，但只要是洗手或洗澡，隨時都會滲透入毛細孔，被人體所吸收，此外還會散發在空氣中，透過呼吸作用進入體內！所以我都儘量用淋浴的方式洗澡，減少皮膚對氯的接觸和吸收。

另外，我自己因為長年食用有機飲食，身體屬性比較涼，而且我們家有安裝濾水器，所以我每個星期會泡熱水澡、溫泉或使用遠紅外線烤箱 1 至 2 次，以提高自己的體溫。泡澡前我還會用純綿的毛巾乾刷皮膚，刺激淋巴、增強血液循環，同時還能兼具去角質、美化皮膚的功效。

3. **補充益生菌：**補充益生菌最適當的時機是在睡前。我們在睡覺的時候，身體靜靜地運行修補作用，如果睡前 3 小時不進食，依人體生理時鐘來看，腸胃蠕動在睡前會減緩，胃酸分泌會減少，這個時候補充益生菌，菌種的存活率會比較高。

   除了睡前補充益生菌，我白天也會多吃適合益菌生長的食物，如全豆類食物、根莖類蔬菜、海藻類、菌菇類以及水果，提高體內纖維及寡糖的含量，就能幫腸道布置成好菌的培養溫床，讓他們有機會「開枝散葉」，進而改善腸道菌叢生態，這樣效果更好！

4. **做放鬆的事情：**睡前是我一天之中最輕鬆的時刻，這時我喜歡做一些會讓自己放鬆的事情，像是種種花草、做體操、把枕頭放在腰椎做腹式呼吸、無痕精油刮痧、點精油燈進行芳香療法等等，讓忙碌一整天有個舒服的 ending。

· **睡覺**

1. **打造優質的睡眠環境：**睡不好是現代人的通病，不少人為了睡眠煩惱，下面是我打造優質睡眠的方法：

a. 安靜溫馨：希望睡得好，請先將臥房布置得溫馨一點。溫和的房間顏色，能幫助入睡，強烈的顏色，則有礙入睡。

b. 選擇自己合適的枕頭跟床墊。建議挑選軟硬適中的床墊及高度適中的枕頭。太軟、太硬的床墊對脊椎來說都是負擔，而太高的枕頭容易使人打鼾、落枕，也易使得頭部缺氧；太低的枕頭則會使頭部充血，造成眼睛、臉部浮腫。

c. 避免刺激：臨睡前，請避免刺激性的食物和物品，例如香菸、酒、濃茶、辛辣的食物、咖哩、咖啡。

d. 拉筋：我常常站著演講或坐著錄影，每天站著坐著的時間很長，血液都往下集中，睡前我會躺在床上把腿抬起來靠在牆上，讓血液回流。

e. 喝一小口水：我在睡前會喝一小口水，床頭放一杯水和一件外套。之所以這樣做，是因為人體在凌晨時血液濃度最低，最容易中風或心肌梗塞；另外許多老人家也容易因為半夜口渴起床喝水而跌倒發生意外，我的外婆就是因為這樣而過世的。睡前喝一小口水能稀釋血液中的濃度，減少中風的機率，床頭一杯水，則是半夜不用因為口渴而

起身；至於外套則能保暖，避免著涼。

03 排毒生活還可以這麼做

1. 清腸——腸道淨化：由內「保持腸道乾淨」（天天做）
由外「咖啡淨化」（天天做）

腸子是最大的廚餘垃圾場，所以我們要保持腸道乾淨，每天多攝取「腸道環保四要素」，即水、纖維、酵素以及益生菌，這麼做就不容易便秘，大腸也就比較不會有毒素累積。

為了補充纖維，我自己會在精力湯或果汁、養樂多中添加高纖維的食品，像是蜜棗汁、纖維粉或奇亞籽粉、亞麻仁籽粉。

至於咖啡淨化前面已經講過了，這裡就不再重複。

總之腸道保養要內外兼顧，注重飲食和排泄，我們的身體就不容易累積毒素而生病。

2. 清血——血液淨化：巴德維配方（天天做）

食品問題層出不窮，大家聞油色變，許多觀眾朋友都問我：「吃到壞的油怎麼辦？」其實，唯有油才能溶解油，所以我的建議都是用好油取代不好的油，吃好的油把身體裡不好的油脂代謝出去。

最簡單攝取好油的方法，就是「巴德維配方」。巴德維女士是國際油脂博士，曾經獲得諾貝爾獎 7 次提名，所謂巴德維配方就是「無糖優格加亞麻仁籽油攪拌均勻」，我每天早上都要來一杯巴德維配方，幫助我清除血液中不好的油脂。

3. **清肝膽——肝膽淨化：肝膽排石法（半年做一次）**

肝不好，人會老，其實肝膽結石就像青春期臉上長的粉刺一樣，是新陳代謝出了問題。許多人罹患了肝膽結石而不自知，最後弄到要割膽囊。

我每年都會儘量在季節交替的時候（如 3、4 月和 7、8 月），各做兩次肝膽排石法，做為例行性的身體保養。當然，平常飲食不過量，多喝水，多吃清淡的食物搭配好油（有機亞麻仁籽油、橄欖油、苦茶油），都是我平常保養肝膽的方法。（關於肝膽排石的進一步說明，請參考拙著《這樣排毒讓我不生病》。）

4. **清細胞——全身細胞淨化：根莖蔬菜汁斷食（半年或一年做一次）**

人體的細胞平均每四個月（約 120 天）會新陳代謝一次，如果我們能在新細胞產生前，把體內環境調整好，這樣分裂出來的新細胞體質就會是好的。斷

食就是讓身體進行重新整合，重新回到良好狀態。

我的斷食方法是分成減食、禁食和復食三個階段，每個階段三天，使身體逐漸適應斷食。我自己常常採取根莖蔬菜汁半斷食法，在斷食期間補充能量高、熱量低的食物，效果十分顯著。（關於斷食的進一步說明，請參考拙著《這樣排毒讓我不生病》。）

附錄二
王明勇大事年表

1973.10.26	出生於桃園縣中壢市
1979.9	就讀大崙國小
1984	轉學至中壢市新街國小
1985.9	就讀中壢國中
1988.9	就讀中正高中
1991.9	就讀中原大學土木系
1995.9	入伍當兵
1997.9	憲兵退伍
1997	進入社會
1999.4.21	與妻子小如結婚
1999.5	發生工地意外
1999.10	進入「無毒的家」
2002	接手「無毒的家」新竹店
	首度到社區大學授課，為王康裕的助理講師
2003	開始在新竹市婦女社區大學授課，至今仍持續開課
2004	首度出國考察，第一站為加拿大
	到瑞士參觀百奧維他有機農場
	到日本參觀有機農場、有機產品工廠
	開始接觸知見心理學
2006	第一次上電視，錄製現場直播節目《健康兩點靈》
	加入日本時間差療法協會
	首度赴美參觀有機食品展，結識伍朵博士

	赴洛杉磯演講，首度上外國媒體：美國最大華人報《世界日報》
	到德國的布魯士－葛森自然斷食療養中心體驗葛森療法
2007.2	赴日本石原斷食道場，體驗東方斷食法
2008	赴日本參加新谷弘實醫師的健康研習營
2009.5	出版第一本著作《不能吃的秘密》
2009.12	出版第二本著作《這樣排毒讓我不生病》
2010.6 2010.10	首度赴馬來西亞為新書宣傳及巡迴演講
2010.12	首度到大陸錄電視節目《百科全說》
2011.4	首度到新加坡錄電視節目《飲食誤區》
2011.6	出版第三本著作《這樣吃，一定瘦！》（馬來西亞簡體版）
2011.7.3	出版第四本著作《這樣吃，一定瘦！》（繁體版）
2011	受邀成為馬來西亞聯合健康大會主講人
2011.11	成為馬來西亞余仁生顧問
2011.11	出版第五本書《好好吃，救自己！》（即《不能吃的秘密》簡體增訂版）
2012.3	首度在馬來西亞開設「無毒美人排毒工作坊」
2012.6.24	「自然法則健康智慧生活館」正式開幕
2012.6	出版第六本書《體內環保最重要》（即《這樣排毒讓我不生病》簡體增訂版）
2013.6.3	出版第七本書《這樣吃，最有酵！》
2013.7.14	首度在馬來西亞舉辦「癌真相健康大會」
2013.8.3	出版第八本書《讓你1週就瘦3公斤的蔬菜水果！》
2013.12	出版第九本書，《遇見生機：跟著食療專家王明勇一起走入自然的健康世界》，此為個人第一部自傳。

本書參考資料來源

《不能吃的秘密》，王明勇，平安文化，2009.5

《這樣排毒讓我不生病》，王明勇，平安文化，2009.12

《這樣吃，一定瘦！》，王明勇，平安文化，2011.4

《這樣吃，最有酵！》，王明勇，平安文化，2013.6

《救命聖經·葛森療法》，夏綠蒂·葛森、莫頓·沃克，柿子文化，2011.8

吳品賢，〈有機，是生機或是商機？三個新竹組織化有機消費場域的分析〉，國立交通大學社會與文化研究所，2005.7。

百奧維他有機蔬果汁官網：http://www.biotta.com.tw/about.php

台灣主婦聯盟生活消費合作社官網：http://www.hucc-coop.tw/

聖德科斯官網：http://www.santacruz.com.tw/santacruz/index.asp

棉花田生機園地官網：http://www.sun-organism.com.tw/
　　index.asp
無毒的家官網：http://www.yogi-house.com/hit.php
《遠見》雜誌，2008.6
《康健》雜誌，2012.8
《農業生技產業》季刊

認識余仁生　享受健康人生

Your Way To Healthy Living

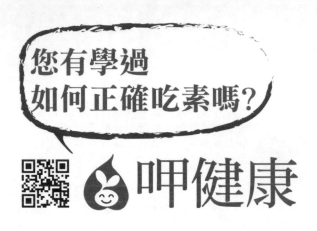

您有學過
如何正確吃素嗎?

呷健康

吃素是一門學問，並不是只吃燙青菜或是不含肉的東西就是健康素食，有些素肉素料做的很好吃，但並不代表它有好的營養價值。

很多的吃素的人照樣有三高，高血脂、高膽固醇、高血壓。

拒絕吃肉，必須要有智慧的找到能代替它的食物和學會正確吃素的方法，才能真正獲得健康。

吃素不等於健康，吃對才會讓你健康！
關注《呷健康》了解更多健康新知。

▼ 搜尋

 呷健康－讓吃素也可以很健康 🔍

國家圖書館出版品預行編目（CIP）資料

王明勇的生機路 / 王明勇著；齊世芳撰文.
-- 初版. -- 新北市：大喜文化,
　2018.02
　　面；　公分. --（綠生活；12）
　ISBN 978-986-93623-5-1（平裝）

1.王明勇 2.臺灣傳記 3.生機飲食

783.3886　　　　　　　　　105021420

綠生活 12

王明勇的生機路：
從建築工程師到生機食養專家的美好信念

作　　者：王明勇
撰　　文：齊世芳
主　　編：林佩芳
製　　作：愛生活企畫部
出　　版：大喜文化有限公司
發 行 人：梁崇明
發 行 處：新北市中和區板南路 498 號 7 樓之 2
P.O.BOX：中和郵政第 2-193 號信箱
電　　話：(02)2223-1391（代表號）
傳　　真：(02)2223-1077
劃撥帳號：50232915　大喜文化有限公司
E - m a i l：joy131499@gmail.com
銀行匯款：銀行代號：050　帳號：002-12034827
　　　　　台灣企銀　帳戶：大喜文化有限公司
總經銷商：聯合發行股份有限公司
地　　址：新北市新店區寶橋路 235 巷 6 弄 6 號 2F
電　　話：(02)2917-8022
傳　　真：(02)2915-6275
初　　版：西元 2018 年 02 月

定　　價：320 元
網址：www.facebook.com/joy131499

（郵購未滿 1500 元請自付郵資 80 元，採掛號寄書）